D'UN MONDE À L'AUTRE

DU MÊME AUTEUR

Ce qui nous attend, Robert Laffont, 2023.

GÉNÉRAL DOMINIQUE TRINQUAND

D'UN MONDE À L'AUTRE

Robert Laffont

ISBN 978-2-221-27697-6
Dépôt légal : octobre 2024
Éditions Robert Laffont – 92, avenue de France, 75013 Paris
serviceclients@lisez.com

« Mais en fin de compte toute ombre n'est-elle
pas enfant de la lumière ? et seul celui qui a connu
des heures lumineuses et des heures sombres,
la guerre et la paix, la grandeur et la décadence,
celui-là seul a vraiment vécu. »

Stefan Zweig, *Le Monde d'hier*

Introduction

« En avant, calme et droit. » Cette belle devise de la cavalerie concluait mon précédent ouvrage[1]. J'envisageais les prochains bouleversements du monde provoqués par la succession de plusieurs événements internationaux depuis une vingtaine d'années. En quelques mois, le phénomène décrit en juin 2023 s'est accentué, confirmant cette analyse. L'accélération des bouleversements nous incite à énoncer une question essentielle pour notre avenir : comment avancer calmement au milieu de ces turbulences ?

Après l'installation d'une junte militaire au Mali en 2021, puis au Burkina Faso en 2022, le coup

1. Dominique Trinquand, *Ce qui nous attend*, Paris, Robert Laffont, octobre 2023.

d'État au Niger durant l'été 2023 jette un voile d'incertitude inquiétant face au terrorisme mondial dans la « zone des trois frontières » au Sahel. L'horreur indicible de l'attaque du 7 octobre en Israël a conduit l'État hébreu à répliquer avec une telle force à Gaza qu'il en résulte des antagonismes virulents en France, en Europe, aux États-Unis et plus globalement sur tout le globe, où le soutien à la Palestine marque l'opposition entre deux mondes. L'échec de la contre-offensive ukrainienne face à la Russie en 2023 semblait installer ce conflit dans une durée préoccupante en Europe. La toute récente offensive réussie dans la région de Koursk pourra-t-elle rebattre les cartes dans le cadre plus global d'une reprise de l'initiative ukrainienne ? La fin de l'année 2024 pourrait nous apporter d'autres surprises… À cela s'ajoutent des changements plus fondamentaux que sont les déséquilibres démographiques renforcés par la transition écologique, les menaces diverses sur les flux d'échanges, qu'ils soient humains, économiques, commerciaux ou numériques. Tous ces événements qui ne manquent pas d'avoir un impact sur les équilibres internes dans notre pays méritent réflexion et décryptage. Des questionnements et des compléments d'analyse sont nécessaires et doivent – sans prétendre apporter des solutions définitives – nous aider à mieux comprendre ce qui nous attend, et la bascule d'un monde à l'autre dans laquelle nous évoluons désormais.

Contrairement aux thèses de l'intellectuel américain Francis Fukuyama[1], énoncées dans les années 1990, la démocratie et le libéralisme ne se sont pas étendus partout, tant s'en faut. D'ailleurs, les perturbations contemporaines sont plutôt liées à une contestation de ce modèle, à un bouleversement des équilibres posés par ce type de système politique prédominant en Occident.

L'échec de l'offensive russe lancée en février 2022 – censée obtenir rapidement la reddition ukrainienne – a installé une guerre durable à quelques centaines de kilomètres des frontières de l'Union européenne. Il est dès lors légitime de s'interroger sur son extension à l'Europe. Le président Emmanuel Macron a souligné cette proximité, à la télévision en mars 2024 : Strasbourg se trouve à moins de mille cinq cents kilomètres de la ville ukrainienne de Lviv. « La guerre est sur le sol européen. […] ce n'est pas une fiction, et ce n'est pas loin de nous », avait-il insisté.

1. Francis Fukuyama, *La Fin de l'histoire et le Dernier Homme*, Paris, Flammarion, coll. « Histoire », 1992. D'après l'analyse de ce politologue américain, la fin de la guerre froide aurait marqué la victoire idéologique de la démocratie et du libéralisme.

Ce constat avait heurté quelques esprits et le président avait dû rappeler qu'il était de sa responsabilité de chef de l'État de dire la réalité telle qu'elle est. Emmanuel Macron rappelait donc que « le général de Gaulle avait eu une formule comparable », lorsqu'il avait évoqué « l'Armée rouge à deux étapes du Tour de France ». Comment la France, l'Europe et les États-Unis gèreront-ils ce conflit dans les prochaines années ? Auront-ils la force que donnent des actions concertées, ou au contraire la faiblesse d'approches contradictoires ?

Nous vivons en paix, mais les guerres nous entourent et nous préoccupent. Comme celle qui fait rage à Gaza, au bord de la Méditerranée. Ce conflit remet tragiquement sur la table une crise longtemps oubliée dans cet Orient si proche. Une partie de l'opinion publique française se déchire et tout débat devient impossible. Nul ne peut nier que de telles tensions internes, sur fond d'antisémitisme, ont des conséquences sur notre vie commune, comme cela s'est vu lors des élections de 2024.

Les secousses politiques qui ébranlent l'Afrique, elles, posent la nature de nos relations avec ce continent que nous connaissions bien et qui subit une explosion démographique dont les conséquences se mesurent chez nous. L'Amérique latine connaît pour sa part des chamboulements marqués par les trafics de drogue qui déversent leurs produits sur notre territoire. L'Inde, plus grande démocratie au monde, se développe sous la houlette d'un gouvernement autoritaire et puissant économiquement, alors que la Chine voit ses ambitions freinées par la Covid-19 et la tournure idéologique imposée par le président Xi Jinping. Les changements climatiques, eux, remettent en question nos modes de vie comme jamais nous ne l'avons fait auparavant.

Ces bouleversements nous incitent à mieux prendre conscience de ce qui nous entoure et nous permettent de réaliser que le cours de nos existences n'est pas un long fleuve tranquille dont l'écoulement serait lent et prévisible. Il ne l'a jamais été.

Pour cela, il nous faut toucher du doigt une réalité qui s'est à ce point transformée qu'elle nous oblige à redéfinir profondément notre approche géostratégique. Durant des siècles, les guerres ont opposé des pays, et donc des hommes, qui défendaient ou essayaient de conquérir de nouveaux territoires. C'est malheureusement parfois encore le cas. Le conflit au Proche-Orient est centré sur la contestation de certaines frontières, jusqu'à l'ambition revendiquée par un mouvement terroriste, le Hamas, d'interdire à un pays, Israël, le droit d'exister et par là même de défendre son territoire et sa population. C'est le cas du conflit en Ukraine, inscrit dans l'histoire de la relation de ce pays avec la Russie. Cette Russie qui souhaite retrouver une place majeure dans le monde et pour cela n'hésite pas à utiliser tous les moyens y compris l'usage de la force.

L'Union européenne à l'inverse a choisi la coexistence pacifique entre pays autrefois ennemis, ce qui se traduit par la volonté de partager pacifiquement des frontières. Son projet repose sur la libre circulation des hommes, des biens et des idées à l'intérieur de son espace. Nous verrons en quoi celle-ci est aujourd'hui menacée. Inversement, certains pays comme la Corée du Nord ferment leurs frontières pour garantir la pérennité d'un régime autoritaire.

Mais certaines guerres moins visibles se déroulent sur des théâtres d'opérations qui ne sont pas à proprement parler des frontières entre belligérants déclarés, mais des voies de communication. Ce sont les routes des migrations, celles des narcotrafiquants, du commerce et des flux numériques… Elles témoignent de conflits plus insidieux, non déclarés, mais dont les conséquences n'en restent pas moins très déstabilisatrices pour les puissances démocratiques dont les valeurs, l'activité économique et parfois politique sont bousculées.

Une nouvelle catégorie de conflits apparaît à l'horizon autour des progrès technologiques et scientifiques. Ces guerres se jouent sur les pôles du fait du réchauffement climatique. Elles se jouent également dans le cyberespace et l'espace, mais également dans le champ des perceptions, c'est la guerre de la communication. Celle-ci déstabilise nos démocraties.

Nous ne pouvons retenir le passé, nous sommes bien en train de basculer d'un monde à un autre, mais plutôt que de nous abîmer dans un pessimisme très en vogue qui accroît notre désespoir, essayons d'entendre, de comprendre et d'anticiper, afin de mieux défendre ce en quoi nous croyons. La question n'est peut-être pas de parvenir à rendre le monde meilleur, mais de faire en sorte qu'il ne soit pas pire. Il ne s'agit pas tant d'être du côté des vainqueurs que de ceux qui défendent l'équilibre pour contribuer à la paix. Pour cela, il nous faut dérouler, avec calme et lucidité, quelques fils qui peuvent prendre la forme de flux, de routes, de ces axes qui permettent les échanges. Ces flux qui écartent les frontières comme ceux qui s'y arrêtent. Partons ensemble pour ce tour du monde qui, je l'espère, permettra de mieux le comprendre et de mieux s'y adapter pour préserver l'Espérance.

En tout état de cause, gardons à l'esprit que la vie n'est pas plus difficile, mais nous avions tort de penser qu'elle pouvait ne plus l'être.

I

Les frontières et les hommes

1.

L'Europe, un espace de libre circulation menacé

« *Krajinas* », ce terme slave désigne une frontière. Dans l'ex-Yougoslavie, ce sont des confins militaires, une zone militarisée alors tenue par les forces serbes en Croatie. C'est un territoire étrange que nous survolons en hélicoptère en 1993, avant de le sillonner en véhicules blindés. Un paysage de moyenne montagne au printemps. Quelques coins sont encore enneigés, et j'y distingue tout à coup deux points noirs. Ce sont deux soldats, isolés de tout, qui tiennent une position, dans une petite cabane de berger. Je suis alors assistant militaire du général Cot, commandant la Force de protection des Nations unies, la FORPRONU. Je me souviens en particulier de Knin, « capitale » de cette république serbe autoproclamée, où je reviendrai discrètement deux ans plus tard, alors que les forces croates seront en train de la piller. Depuis le XIe siècle, la ville est dominée par une solide forteresse de pierre car elle marque une zone d'affrontement entre l'Empire austro-hongrois et l'Empire ottoman. De là part une succession de tours d'alerte qui mène jusqu'à Vienne, l'ancienne capitale de l'Autriche-Hongrie. Au sommet de ces tours, sont allumés des feux qui, de proche en proche, transmettent l'alerte à plusieurs centaines de kilomètres. Lors d'une négociation dans la capitale autrichienne, j'ai pu voir la dernière tour de ce très ancien système qui permettait depuis les frontières de l'Empire de rapidement prévenir la capitale de l'arrivée des armées ottomanes. Alors que la guerre entre Serbes et Croates dure depuis 1991 et ne s'achèvera que quatre ans plus tard avec la conquête de ces Krajinas par l'armée croate, je songe à la permanence de ces lignes de fracture en Europe.

Au sud-est de l'Europe, dans les Balkans, depuis le XVe siècle, après la chute de Constantinople, la menace venait de l'Empire ottoman, qui est repoussé au XVIIe siècle. Les Serbes, paysans miliciens, chrétiens orthodoxes, occupent des terres arides aux portes de l'Empire austro-hongrois. Leur mission est de prévenir la capitale et de ralentir les armées du Sultan le temps que l'armée impériale arrive. Ce sont des combattants redoutables, au service d'un Empire, mais ils constituent une communauté autonome. L'Ukraine est aussi sur les marches d'un empire, mais russe celui-là. En 2005, quand j'effectue une mission sur place, la tradition cosaque revient en permanence dans la culture ukrainienne. Ces formations, comme les Serbes des Krajinas, étaient des milices servant des empires tout en gardant leur autonomie sur leurs terres. C'est pourquoi les Serbes comme les Ukrainiens ont cette tradition guerrière et un attachement très singulier à la terre. Les Serbes vivaient à côté des Croates, mais pas ensemble, les uns plutôt sur les hauteurs, les autres en bordure côtière, au sein de l'Empire austro-hongrois puis de la Yougoslavie tenue par Tito. En Bosnie-Herzégovine, les Bosniaques, slaves convertis à l'islam complétaient ce puzzle. Après la chute du mur de Berlin en 1990, le pays a explosé, ces peuples se sont retrouvés face à face, avec leurs histoires et leurs cultures différentes, tout comme les rancœurs des guerres qu'ils se livraient. Lors de négociations, j'ai ainsi vu une interprète serbo-croate trembler à l'idée de pénétrer dans l'antre serbe, comme j'ai assisté à un aparté entre un négociateur serbe des Krajinas et un représentant croate qui s'affranchissaient de tout langage diplomatique ou guerrier, le Croate disant au Serbe : « Arrête tes c..., tu sais bien que la retraite, c'est nous qui la payons. » Ils avaient grandi dans le même village ! Il est bon parfois de revisiter l'histoire pour mieux comprendre les racines des conflits. Lorsque l'on est sur place, l'histoire s'impose par des monuments, mais aussi par le contact avec les peuples qui rappellent sans cesse leurs parcours et leurs luttes. Aux confins de l'Europe, les frontières ont bougé au gré de la volonté d'expansion des empires et des combats menés par des populations aux motivations diverses.

De l'origine des frontières

Lorsqu'on parle de frontière, il me semble important de faire un peu d'histoire. En Europe, le concept de frontière est ancien. La première trace que rapporte l'histoire européenne est celle du « *limes* romain », qui représente la ligne frontière de l'Empire romain à son apogée, au IIe siècle apr. J.-C. Cette frontière correspond à l'avancée militaire de Rome. Elle est constituée d'ouvrages marquant la limite de l'Empire romain face aux peuples dits « barbares ». À l'est, vivent les Germains. Les Romains ont également érigé le mur d'Hadrien, au nord de l'actuelle Angleterre, pour empêcher l'invasion de hordes barbares écossaises. Depuis, cet édifice est devenu une marque tangible entre l'Écosse et l'Angleterre qui recèle de nombreux artefacts dont la préservation est désormais menacée par le changement climatique.

Au fil du temps, cette frontière a évolué pour prendre vers l'est la limite du Saint Empire romain germanique, héritier de Charlemagne. Un certain nombre de zones sont devenues des territoires tampons, comme les Krajinas jouxtant l'Empire ottoman, ou l'Ukraine, à la limite de l'Empire russe. Il est remarquable de noter que, au cours des siècles, ces zones sont restées des lieux de confrontation où différences religieuses (orthodoxe, catholique, musulmane) se sont ajoutées aux différences ethniques (Slaves, Romains, Turcs) et politiques. À la liberté de circulation à l'intérieur de l'immense espace romain ont succédé la mise en place de frontières nationales et la nécessité alors de disposer de passeports pour voyager.

Dix-neuf siècles après l'Empire romain et à la suite de multiples conflits entre États européens, dans une forme de continuité de l'histoire au long des siècles, l'Union européenne a choisi de renouer avec son histoire originelle en créant un espace libre à l'intérieur de ses frontières. Il s'agit de l'espace Schengen, du nom de la ville du Luxembourg qui a donné son nom à l'accord de libre circulation entre vingt-cinq des vingt-sept pays membres de l'UE, sur une superficie de 4 269 689 kilomètres carrés pour quelque 426 millions d'habitants.

L'espace Schengen, ou l'absence de frontière

Derrière ce nom d'une ville luxembourgeoise se cachent à la fois le concept de liberté de circulation mais aussi les limites à cette liberté. Tout d'abord dans la composition des pays de cet espace. En effet, l'Islande, le Liechtenstein et la Suisse en font partie sans être membres de l'Union européenne, alors que la Roumanie et la Bulgarie, membres de l'UE, ne l'ont, elles, rejoint qu'en mars 2024. Ensuite, cet espace où les mouvements sont libres, sans contrôle, suppose un contrôle externe.

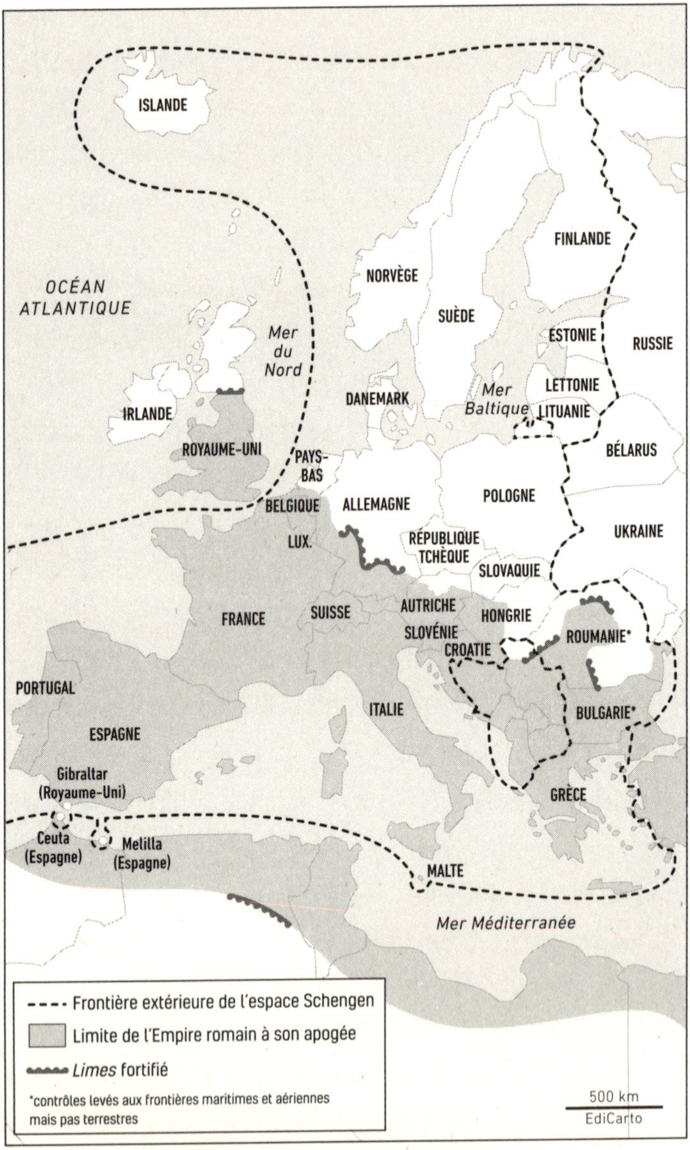

1. Les frontières en Europe

Alors que, aujourd'hui, l'expérience de la frontière en Europe est paradoxalement celle de l'absence de frontière et que, désormais, pour voyager dans l'Union européenne, il existe un espace ouvert, les frontières extérieures de l'Europe sont redevenues un sujet problématique.

Lors de la crise de la Covid-19, le repli à l'abri des frontières nationales fut une véritable tendance générale. Il est vrai que la liberté même de circuler hors de chez soi était contestée ! Mais une fois cette crise passée, personne n'a remis en cause le principe de libre circulation à l'intérieur des frontières de l'espace Schengen. C'est sur la porosité des limites extérieures qu'on s'interroge.

Déjà, en 2015, face à un accroissement important des mouvements de population, en particulier venant de Syrie, l'immigration était devenue un sujet extrêmement sensible. Avec la chute de Kaboul tombée aux mains des talibans, en août 2021, puis la fuite de la population afghane qui a suivi ce changement de régime, le sujet s'impose à nouveau. Mais, dans les deux cas, il s'agit de pression migratoire liée à des inflexions politiques. Il est un courant d'immigration bien plus constant et croissant : celui qui puise ses racines dans des raisons d'ordre économique et climatique.

L'espace de circulation intra-européen semble menacé par la crise migratoire qui nous rappelle en effet que « la nature a horreur du vide ». Or, la démographie européenne chute verticalement. Les chiffres donnent le vertige. La France, qui a longtemps fait figure d'exception, n'en est plus une. En 2021, le taux de fécondité moyen en Europe est de 1,53 enfant par femme. Le plus bas se trouve dans le sud de l'Europe (Malte, Espagne, Italie) et le plus haut, en France (1,80 en 2022), République tchèque et Roumanie. Face à ce constat factuel implacable, il en est un autre. De l'autre côté de la Méditerranée, se trouve un continent qui explose démographiquement : l'Afrique. Il est proche de l'Europe, et à cet élément géographique est venue se greffer l'histoire. Celle des liens de colonisation entre ces deux espaces continentaux de part et d'autre de la Méditerranée, avec la France, la Belgique, le Portugal, l'Allemagne et le Royaume-Uni. Derrière l'histoire, il y a aussi des traditions linguistiques communes, des échanges culturels, des mouvements de population… Alors, face à ce mouvement de ralentissement démographique européen, un mouvement presque naturel s'opère. Il s'agit du simple sujet d'un vase plein à un vase qui se vide à cause du vieillissement de la population et de l'absence de natalité en Europe.

Le sujet de l'immigration a un impact considérable sur les équilibres politiques internes dans les pays européens. Ainsi, en 2016, le référendum au Royaume-Uni a conduit au Brexit en s'appuyant essentiellement sur la peur de l'immigration. Les récentes élections en France ont été également l'instrument de ces craintes.

La natalité bouscule les frontières

Il convient de rappeler qu'un taux de fécondité de 2,1 est nécessaire pour remplacer une population. Or, avec 1,53 enfant par femme, l'Europe se situe bien en dessous du taux minimal nécessaire au renouvellement de la population. En clair : l'Europe ne renouvelle plus sa population naturellement et vieillit inexorablement. En revanche, sur la rive sud de la Méditerranée, les chiffres de la natalité explosent. En effet, en Afrique, le taux de fécondité moyen est de 4,5. Certes, il a baissé depuis 1980 où il était à 6,6 mais il y a toujours des pics comme au Niger (6,7). Les moins de 25 ans représentent 60 % de la population, avec un taux d'emploi très faible.

Ce phénomène que l'on appelle la pression migratoire est inévitable. Cette population qui explose, jeune et sans revenus, vient chercher le bien-être en Europe où il y a tant d'emplois à occuper. L'Europe a donc besoin d'une immigration pour pourvoir les emplois les moins qualifiés que les Européens ne souhaitent plus occuper, mais aussi des emplois en forte tension (comme les soins à la personne, ou l'informatique…). La question de l'immigration abordée à l'aune des chiffres et des données factuelles soulève toutefois deux problématiques concrètes qui ne manquent pas de liens avec les débats politiques qui traversent l'Europe : comment gérer le flux et comment intégrer ces immigrés dans les sociétés européennes et leurs cultures ?

L'Union européenne est-elle sélective ? Cela dépend des pays. Elle souhaite l'être, mais la pression migratoire est bien trop forte. Certes nous sommes loin du million de Syriens arrivant en 2015, mais, en 2023, deux cent quatre-vingt mille arrivées irrégulières ont été détectées dans l'Union européenne. C'est une augmentation de 17 % en un an. Ces chiffres ne tiennent compte que des arrivées identifiées. Ces flux migratoires sont très complexes à contenir, bien souvent liés à des réseaux de passeurs criminels. Il y a aussi ces jeunes originaires de pays d'Afrique prêts à payer de leur vie des passages éminemment dangereux vers l'Europe, accrochés sous des camions, ou voguant sur des embarcations précaires. Il n'existe pas de recensement de ceux, si nombreux, qui meurent sur cette route migratoire…

La multiplicité des routes migratoires créées par des passeurs constitue une des principales difficultés pour contenir ces flux organisés clandestinement. Elles sont complexes à identifier, et il arrive fréquemment que les pays de passage n'aient ni l'envie ni les moyens de faire en sorte que ces mouvements illégaux de population aient lieu. Ensuite, parce que face aux dangers qui guettent les migrants qui traversent la Méditerranée, les Européens peinent à réagir. N'est-il pas inhumain de rejeter des êtres humains en pleine mer, de les renvoyer vers ces pays où ils éprouvent tant de difficultés ?

Une autre raison qui explique les difficultés européennes à empêcher ces flux tient à nos procédures administratives, extrêmement compliquées et plutôt favorables au droit d'asile. Enfin, il faut considérer un sujet qui complique singulièrement la tâche des Européens : les pays d'origine d'où viennent ces candidats à la migration ne font souvent pas d'effort pour récupérer leurs ressortissants.

Un seul exemple : le Niger, qui avait signé un accord en 2015 avec l'Union européenne pour retenir les candidats à l'émigration sur son sol. Niamey a abrogé cette disposition en décembre 2023. Pour quelle raison ? Quel intérêt à tendre singulièrement ses liens avec le Vieux Continent ? S'agit-il d'une lutte plus globale où le lien avec la Russie pousset-il les Africains qui l'ont choisie à s'opposer frontalement à l'Europe ? Alors même que l'Union européenne fournit une aide considérable à ce pays pour filtrer les migrants… Indirectement, en abrogeant cette loi et en laissant le passage possible, le trafic de migrants est, de fait, encouragé par la puissance publique. La récente suspicion d'installation russe en Tunisie semble confirmer cette volonté de contrôler les couloirs de migration africaine pour faire pression sur l'Europe, voire la déstabiliser.

Pression sur les frontières du Vieux Continent

La pression migratoire vers l'Europe favorise la fragilisation de celle-ci. Elle est un argument utilisé par les partis extrémistes de droite comme cela avait été le cas au Royaume-Uni pour obtenir le Brexit. Les élections du 9 juin 2024 ont marqué dans toute l'Europe l'inquiétude des populations face à ce sujet. En France, les élections législatives qui ont suivi ont démontré comment cet enjeu imprègne fortement le débat politique. En effet, une majorité de la population européenne craint l'immigration. Non pas en raison de l'emploi, mais à cause de la question culturelle, tout particulièrement lorsque l'immigration concerne la population d'origine musulmane. Elle craint que l'afflux de cette population cumulé à une volonté d'endoctrinement religieux ne conduise à la perte de l'identité des pays européens. En France, nous prônons la laïcité : vous pouvez être musulman, mais vous êtes un citoyen français qui doit respecter l'État français. Lorsqu'un imam parle du drapeau français comme d'un étendard satanique, il doit être renvoyé. C'est la vision française. D'autres pays mettent en avant la culture chrétienne. Et pourtant, en Angleterre, où il y a une église d'État, il y a eu les plus grandes manifestations propalestiniennes « contre les Juifs » [*sic*]. Ce sont des modèles différents.

Ce problème migratoire fragilise l'unité européenne. Chaque pays l'analyse et le traite différemment. La Hongrie et les Pays-Bas sont très durs vis-à-vis des migrants. Ailleurs, l'aspect humanitaire prime. Entre les deux, il y a une réalité que nous devons admettre. Les immigrés représentent une population de travailleurs relativement mal rémunérés qui remplit les emplois dont les Européens ne veulent plus. D'une certaine façon, cette main-d'œuvre, souvent non qualifiée, répond à un besoin de notre système économique. Et pourtant, il y a 7 % de chômeurs en France… La perception de cette réalité économique a des conséquences politiques nombreuses. Entre ceux qui esquivent la réalité, ceux qui s'efforcent de la décrire sans être entendus, le populisme simplifie à outrance et favorise les extrêmes.

Ce système de vases communicants peut-il être inversé en relançant la natalité ? Pour cela, encore faudrait-il bien appréhender l'origine de ce phénomène. Lorsque l'on s'attarde sur les sondages, les raisons invoquées par les Français pour expliquer leur absence de désir d'enfants expriment leur peur de l'avenir et leur préoccupation quant à l'écologie. Jamais il n'est question pour eux de problèmes de fertilité… Si sur le plan factuel, le président touche juste lorsqu'il évoque la nécessité pour la France de procéder à un « réarmement démographique », il semble que les difficultés « techniques » liées à la natalité – comme les modes de garde, le logement – ne soient pas le sujet déterminant pour les Français. C'est plutôt celui de la croyance en l'avenir, de la confiance dans l'évolution de notre société, et de la volonté d'être perpétué, voire le sens même de la vie. L'individualisme[1] qui ronge notre société est probablement le moteur essentiel de cette panne des naissances.

L'une des grandes difficultés de nos sociétés individualisées, c'est que chaque personne pense à son propre bien-être, dans l'instant, et rarement à ce qui se

1. *Ce qui nous attend*, *op. cit.*, chap. 12.

produira après pour l'ensemble de la société. Il existe une sorte de crainte à se projeter dans le futur, tant pour beaucoup, il paraît incertain. Le grand enjeu qui se dresse face à nous est d'impulser le désir de se projeter dans le futur. C'est un défi immense !

D'autant que la population est traversée par d'autres craintes, notamment celles succitées par l'islam politique. La coexistence de règles de vie différentes suscite des tensions. Car une partie de ces migrants souhaite rester enfermée dans une culture qui lui est propre, et refuse de s'imprégner de celle du pays d'accueil. Cette minorité revendique sa volonté de ne pas respecter notre style de vie qu'elle conteste parfois formellement. Par ricochet, l'ensemble des musulmans d'Europe est stigmatisé. Il convient pourtant de relever ce point : la montée du populisme en Europe n'est pas la traduction d'une poussée de xénophobie, mais la manifestation du refus de voir sa culture disparaître et d'être contraint de se soumettre aux lois d'une religion quand certains courants rigoristes qui l'animent affirment que ses préceptes sont supérieurs à nos lois républicaines. Le sujet n'est ni l'immigration, ni une religion ; le sujet, c'est l'impression de la perte d'identité.

Les frontières de l'islam

Pour tenter d'enrayer ces mouvements, chaque nation a sa façon de faire. D'une certaine façon, la laïcité peut être une réponse parce que, dans la laïcité, la religion relève du domaine privé, pas du domaine de l'État. Le problème qui se pose dans certains pays est de feindre l'ignorance, en faisant comme si ces tentatives d'acculturation n'étaient pas un sujet. *De facto*, cela exacerbe les antagonismes. Ainsi, en Allemagne par exemple, la communauté turque, pilotée par Ankara, est extrêmement importante, et le parti d'extrême droite de l'AFD (Alternative pour l'Allemagne) croît de manière significative.

Chaque pays doit être capable de réagir. La France est un pays où il y a toujours eu beaucoup de migrations. Au cœur de l'Europe, ce pays a attiré, parce qu'il est prospère. Les immigrants furent d'abord européens. Avec l'augmentation de la population musulmane et surtout la propension d'une partie de cette population à une forme de radicalisation, un nouveau problème se pose. La proposition de laïcité à la française est la seule réponse pour que les citoyens de religions différentes puissent entrer dans le creuset de la citoyenneté. La religion à titre privé n'est pas un problème.

La difficulté, c'est que selon les lectures les plus rigoristes de l'islam, les normes du Coran doivent être appliquées *stricto sensu* et ne pas permettre l'intégration dans d'autres sociétés. C'est en particulier la position des Frères musulmans, mouvement qui n'est pas majoritaire, mais qui s'affiche comme le représentant de tous les musulmans. Il antagonise la majeure partie de la population musulmane qui pourtant ne demande qu'à s'intégrer. Ce mouvement entretient le sentiment que les musulmans seraient stigmatisés par cette approche laïque. Rappelons cependant qu'en France l'acceptation du principe de séparation de l'Église et de l'État a pris du temps, pour aboutir en 1905, mais que ce dernier fait maintenant partie de notre corpus commun. L'islam doit s'y adapter comme la religion catholique l'a fait par le passé. La revendication d'un islam politique qui conteste ce principe est un danger car il conteste notre identité. Et nous le savons bien, l'extrême droite croît et joue sur cette peur. Nous devons être fermes sur ce principe essentiel à notre identité en France.

Pour autant, une question est apparue dans le débat politique sur la capacité de l'Union européenne à arrêter ce flux. La question ne se pose pas en ces termes : il ne peut s'agir de l'arrêter mais plutôt de le limiter. Car, en réalité, la seule possibilité d'enrayer complètement ce flux de main-d'œuvre est la robotisation. C'est ce qui se fait au Japon et désormais en Chine. Cette solution permet de diminuer le nombre d'emplois humains à remplir. Cela n'est vrai que pour l'industrie et s'applique moins à d'autres emplois, comme les services à la personne, le nettoyage de la voirie, pour ne citer que deux exemples, qui engagent le recours à l'immigration.

L'absence de frontières au sein de l'Union est aussi un avantage pour les flux internes. Par exemple, avec le programme d'éducation Erasmus, créé en 1987, la libre circulation des étudiants est encouragée et permet une meilleure connaissance entre jeunesses européennes, facteur de paix. Les échanges économiques entre différents pays de l'Union européenne, représentent 50 % de leur commerce, un pourcentage colossal qui dit la force et la vitalité de cet espace. Grâce à cette faculté de se déplacer facilement, l'Europe s'ancre toujours davantage dans un espace de paix et de stabilité.

La libre circulation dans l'Union est une force pour tous les Européens. Nous ne devons donc pas y toucher sous prétexte de réguler l'immigration. En revanche, après plusieurs années de négociation, le Pacte migratoire adopté en avril 2024 est un progrès notable pour le filtrage aux frontières de l'Europe. Il pose un certain nombre de règles communes pour contrôler et traiter plus rapidement les arrivées et met en place un système de solidarité entre États membres. Les pays en première ligne ne peuvent pas porter tout le poids de l'immigration massive et soudaine comme cela a pu se produire ces dernières années sous prétexte qu'ils ont des côtes méditerranéennes. Ce pacte est un point de départ vers une politique migratoire commune mais qui reste à compléter. Frontex (l'agence de contrôle des frontières extérieures de l'Union) a encore beaucoup de progrès à accomplir.

Depuis le 24 février 2022, il est un autre projet qui commence à se structurer dans l'Union. Il s'agit de celui des moyens liés à la Défense commune qui s'organise afin de mutualiser les moyens et optimiser les capacités de production dans ce domaine. La défense était un sujet très difficile en Europe, en concurrence avec l'Otan. L'agression russe en Ukraine a provoqué un véritable électrochoc et ce sujet est devenu central dans l'Union européenne. Il ne s'agit naturellement pas de créer une armée européenne, mais de rendre les Européens plus capables d'assurer la défense de l'Europe en se dotant de capacités européennes dans le domaine industriel mais aussi dans les structures militaires. C'est une véritable révolution dans la perception du rôle de l'UE. La menace à l'est conduit au renforcement de cet espace par une volonté de sécurisation commune à l'intérieur des frontières face aux dangers extérieurs.

2.

Les frontières, lieux de confrontation

Lorsque j'ai été désigné pour prendre le commandement de mon bataillon au Liban en 1991, je suis allé rencontrer mon grand-oncle, le général Lejay. Dans les années 1920, alors qu'il était jeune lieutenant, on lui avait demandé de tracer la frontière entre la Palestine et le Liban (sous mandats, respectivement, britannique et français). C'est donc à cheval, accompagné d'un officier britannique, qu'il est allé marquer la frontière entre ces deux mandats en indiquant avec des piquets la limite établie par les deux puissances mandataires. Des années après, sur le ton de la plaisanterie, mon grand-oncle me dit : « Quand tu verras cette frontière, pense bien à moi… Car le soir, au bivouac, peut-être abusions-nous du whisky, ce qui fait que le tracé ne devait sans doute pas être exactement là où il aurait dû se trouver… »

Au-delà de cette plaisanterie, aujourd'hui encore, entre le Liban et Israël, il y a la « *blue line* » (ligne bleue), ligne non agréée par les deux parties, mais faisant office de frontière temporaire. Les Israéliens ont eux établi la « *fence line* » (ligne de clôture), qui ne correspond pas à la première. À cause de cette frontière contestée, il y a toujours de nombreux incidents dans cette zone-là.

En 2006, avant l'attaque israélienne au Sud-Liban, alors que je menais une mission d'inspection, j'ai survolé cette zone en hélicoptère de l'ONU. J'ai pu alors constater que même l'officier de la FINUL qui m'accompagnait ne pouvait pas clairement distinguer la frontière exacte. En revanche, en 2022, le Liban comme Israël reconnaissent leur frontière maritime car l'exploitation d'un gisement gazier en dépend ! La force des intérêts économiques peut parfois suppléer aux failles de l'histoire…

Des lignes de démarcation et des guerres

La Palestine et Israël. Le conflit israélo-palestinien. Rarement des frontières ont été si contestées… La dénomination même de ces aspirations revêt des connotations politiques et suscite tant d'arrière-pensées. On s'en tiendra au droit international, et à cette résolution 242 de l'ONU de 1967, qui consacre l'expression de « territoires occupés ». En Palestine, il s'agit de deux zones. La bande de Gaza, au sud d'Israël, frontalière de l'Égypte, et la Cisjordanie, que les partisans de la colonisation israélienne désignent, eux, par l'appellation de « district de Judée-Samarie ».

Il y a là deux mouvements nationaux qui s'opposent, sans omettre la forte dimension religieuse de ce conflit. Les antagonismes ne cessent de s'entrechoquer, deux visions de ces territoires. La Palestine, « de la rivière à la mer », selon le vocabulaire propre au mouvement terroriste Hamas. Quand du côté du très nationaliste Premier ministre Benyamin Netanyahou, Israël s'étale « *from the river to the sea* » (de la rivière à la mer). Deux expressions identiques qui s'excluent donc l'une et l'autre.

Le tracé de ces frontières nourrit des conflits incessants. Les délimitations extérieures, vers la Jordanie et l'Égypte, ne sont pas remises en cause, puisque les accords sont respectés de part et d'autre. En revanche, le plateau du Golan, en territoire jadis syrien, reste toujours occupé par Israël et la frontière avec le Liban n'est pas complètement définie. De plus, les frontières de la Palestine ne sont même pas définies. Cette zone de quelque trente mille kilomètres carrés (dont quarante-cinq kilomètres carrés pour Gaza) – soit l'équivalent de la Normandie –, est l'un des espaces dont les frontières sont les plus contestées au monde.

En Afrique, point de guerre récente pour modifier des frontières. Les confrontations se déroulent essentiellement à l'intérieur des frontières. Il ne s'agit pas de confrontations interétatiques, mais de conflits internes qui reposent soit sur la contestation de l'État au pouvoir, soit sur la lutte contre le djihadisme. Il n'y a pas de remise en cause du tracé des frontières. Aux confins du Niger, du Mali et du Burkina Faso, la « zone des trois frontières » et les troubles qui l'agitent ne sont pas liés à une dispute sur les délimitations entre ces trois pays, mais sur la façon dont ces États sont organisés à l'intérieur de cet espace. Les conflits associés relèvent de coups d'État, et de la pression de djihadistes qui aspirent à installer leur État islamique pour pallier les carences et les lacunes de ceux qui dirigent sans réellement tenir ces territoires.

Il est cependant un conflit vieux de plus de dix ans qui porte sur un tracé de frontière contesté… Ce que le droit international considère encore être l'est de l'Ukraine. D'un côté, la Russie de Vladimir Poutine juge que l'Ukraine fait partie de son territoire pour des raisons historiques. De l'autre, la vision internationale actée après 1991 et l'effondrement du bloc de l'URSS, reconnaît l'indépendance de ses Républiques. Notamment lors des mémorandums de Budapest, en décembre 1994, ces documents signés par la Biélorussie, le Kazakhstan et l'Ukraine ainsi que par les États-Unis, le Royaume-Uni et la Russie, accordent des garanties d'intégrité territoriale et de sécurité à chacune de ces trois anciennes Républiques socialistes soviétiques en échange de leur ratification du traité sur la non-prolifération des armes nucléaires.

C'est à compter de ce moment-là, en échange de la remise de l'armement nucléaire présent sur le territoire ukrainien, que les frontières de l'Ukraine sont internationalement reconnues, en particulier par la Russie. Mais depuis le début des années 2000, singulièrement depuis 2014, ces frontières sont contestées par Moscou, de deux façons. D'abord, par un système d'autonomie, avec cette région à l'extrême est de l'Ukraine, le Donbass, qui fonctionne comme une république autonome, avant d'être, en septembre 2022, annexée par la Russie. Cette annexion élargie à quatre oblasts a lieu alors que les combats continuent et qu'ils ne sont pas complètement sous contrôle russe. Cela constitue une contestation évidente, par la force des armes, des traités internationaux.

Bien plus que de l'appartenance de ces kilomètres carrés à un pays ou à un autre, c'est de la remise en cause de l'ordre international qu'il s'agit. D'ailleurs, la majorité des pays du globe condamne cet état de fait. Les votes à l'Assemblée générale des Nations unies sont là pour le démontrer, quand ils condamnent en février 2023 par 141 voix sur 193 les actions de la Russie. Environ trois quarts des pays de la planète condamnent la violation des accords internationaux par la Russie. Le reste s'est abstenu ou absenté…

sans se prononcer officiellement sur l'attitude de la Russie. Seuls sept pays[1] approuvent l'action du Kremlin. Au-delà de la question frontalière, c'est un problème de conception de l'ordre international qui est posé aux États du monde entier.

Pour des raisons historiques, la Russie considère que plusieurs pays à l'extérieur de ses frontières lui appartiennent malgré la dissolution de l'URSS. L'Ukraine, elle, considère à l'inverse qu'elle est indépendante. Cette approche a toujours été contestée par les Russes qui gardent gravé dans leur esprit ce VIIIe siècle, quand la Biélorussie, la Russie et l'Ukraine formaient la Rus' de Kiev. Pour les Ukrainiens, l'année 1920, année douloureuse, est le premier échec de l'indépendance lorsque l'Ukraine est intégrée à l'URSS à la suite de la révolution bolchevique de 1917.

La question des frontières ukrainiennes complique encore la donne. La Crimée a été donnée à l'Ukraine par un simple décret de Nikita Khrouchtchev, en 1954, alors que cette péninsule était russe depuis la fin du XVIIIe siècle. Les frontières de ce pays, son existence, ne sont pas contestables et dépendent de la volonté du peuple ukrainien. En revanche, ses limites sont

1. Fédération de Russie, Bélarus, Érythrée, Mali, Nicaragua, République arabe syrienne, République populaire démocratique de Corée.

extrêmement difficiles à établir et reposent à l'époque moderne sur le fait que l'est de l'Ukraine est une zone à forte densité industrielle où des générations de Russes sont venues travailler, déplacées pour des raisons économiques, revendiquant au passage leur appartenance à la Russie, car ces populations parlent et rêvent dans la langue de Tolstoï.

Autre problème posé à l'Ukraine : la question de la démographie. Cinquante millions d'habitants peuplaient ce pays avant 1990. Ils sont désormais trente-quatre millions, avec un taux de fécondité très faible, de 1,2. Avec la guerre qui a éclaté en 2014, puis en 2022, une partie de la population a rejoint la Russie, une autre l'Europe occidentale, et une autre, significative, a été tuée, probablement environ cent mille personnes. Or, la population ne se renouvelle pas à ce rythme. De son côté, la Russie a également des problèmes démographiques, ce qui explique en partie les kidnappings d'enfants ukrainiens afin de les « russifier » et d'en faire de bons petits Russes.

En réalité, le problème existentiel de l'Ukraine est ravivé par ce conflit. Est-il raisonnable d'envisager de continuer à mener une guerre qui cause la mort de trop d'Ukrainiens pour un territoire peuplé de pro-russes alors que l'Europe a ouvert les bras à l'Ukraine et propose de rejoindre son sein ? L'avenir de l'Ukraine est européen, et permettra à sa population de se développer dans un modèle démocratique qui lui convient. Le mouvement est amorcé, mais il prendra du temps pour que l'Ukraine respecte les critères établis par l'UE. Volodymyr Zelensky, de son côté, a déjà annoncé dans une université que la reconquête du Donbass et sa réintégration dans l'Ukraine seraient quelque chose de très difficile, pour ne pas dire impossible.

Pour Moscou, le problème est plus global. Cet État aspire à revenir à sa stature de puissance impériale sauf que ses velléités lui coûtent très cher en vies humaines et en perspectives économiques. Ainsi la réalisation de cette ambition rend paradoxalement ce grand pays toujours plus dépendant de la puissance montante qu'est la Chine.

De son côté, l'empire du Milieu cherche à sortir du « siècle des humiliations[1] », et des multiples défaites subies face aux puissances étrangères qui ont marqué son histoire de 1839 à 1949, avec, pêle-mêle, la présence française en Indochine, les questions du Vietnam et du Tibet. C'est le retour d'un État centralisateur chinois capable de maintenir l'unité de ce pays, à la fois gigantesque (9,5 millions de kilo-

1. Le « siècle des humiliations » est le nom donné par les Chinois à la période de domination occidentale entre le milieu du XIXe siècle et celui du XXe siècle.

mètres carrés) et très peuplé (1,4 milliard d'habitants). Les reconquêtes – marginales mais capitales pour des raisons stratégiques – des territoires de Macao et de Hong Kong signent le recul de l'Occident aux yeux de Pékin, avec les pertes d'influence portugaises et britanniques qu'elles induisent. Il reste Taïwan, reliquat des nationalistes chinois battus sur le continent et revenus sur l'île de Formose, qui constitue un lien particulier avec l'Occident. Aujourd'hui, si la population est ethniquement majoritairement chinoise, depuis plus de quarante ans, après la dictature de Tchang Kaï-chek, elle a fait l'expérience de la démocratie et s'est considérablement éloignée du modèle continental, régime autoritaire s'appuyant maintenant sur le contrôle des populations avec l'aide des outils numériques.

Dans son espace proche, la mer de Chine est extrêmement importante pour Pékin, compte tenu du volume du trafic commercial, mais aussi à cause des fonds marins de ces eaux si peu profondes. Or, la sécurité des sous-marins nucléaires lanceurs d'engins chinois dépend de leur capacité à se fondre au-delà de la mer de Chine, pour mieux contrôler « leur » mer. À partir de Taïwan, Washington peut surveiller la capacité de la marine chinoise à aller dans les eaux libres du Pacifique… et à menacer les États-Unis. Taïwan revêt donc une importance particulière pour ces derniers. Les flots de cette mer sont en réalité une sorte de sas éminemment stratégique.

C'est à la fois le souci et la difficulté d'un État centralisateur : tout doit être dirigé à partir de Pékin. Il en est de même pour les frontières naturelles, qui doivent être sous sa coupe pour permettre un meilleur contrôle. Pour les dirigeants chinois, chaque kilomètre carré compte. À la fois pour l'image qu'ils se font de l'Empire central, mais aussi pour asseoir leur autorité. Si l'Empire chinois a toujours été centralisateur, le président Xi cherche à être au centre de tout, comme l'était l'empereur en son temps. Les conséquences sur les frontières terrestres sont multiples. Il en découle tout d'abord une présence chinoise accrue. Au Tibet, par exemple, les mariages mixtes avec des Chinois sont quasiment obligatoires. L'idée est de « tuer » la singularité tibétaine : il faut qu'elle se rallie, par le sang, à la vision des Han, l'ethnie chinoise majoritaire. Sur la mer de Chine, cette conception de l'État implique le développement exponentiel de sa marine pour préserver sa capacité à contrôler la mer de Chine et conserver sa liberté de mouvement dans ses approches maritimes au-delà de « ses » eaux.

Les Corées

Dans la région, une autre frontière est hautement litigieuse : celle qui sépare les deux Corées. L'une, au nord ; l'autre, au sud. Ce territoire, à l'histoire singulière, dispose de frontières terrestres avec la Chine et la Russie, d'une frontière maritime avec le Japon, ainsi que de trois façades maritimes sur la mer Jaune, à l'ouest, le détroit de Corée, au sud, et la mer du Japon, à l'est. Il occupe une superficie de deux cent vingt mille kilomètres carrés.

La configuration géographique de la Corée, qui est une presqu'île, ainsi que son histoire lui confèrent un statut très singulier. D'un point de vue géographique, le cas de figure de ce territoire est unique. Cette péninsule a donné naissance à un royaume très ancien – avec qui la France a eu des relations dès le début du XIXe siècle – ce qui ne l'empêchait pas de payer un tribut à l'empereur chinois pour conserver son autonomie. Depuis le XIXe siècle et le fameux « siècle des humiliations », la Chine ne perçoit plus ce tribut.

En 1945, après la défaite du Japon qui l'avait annexée en 1910, la Corée est divisée en deux zones, sous influence des deux vainqueurs, le Nord par la Russie, le Sud, par les États-Unis. Avec l'avènement de la République populaire de Chine en 1949, l'empire du Milieu veut reconquérir son influence en Asie. Ce qui donne lieu aux guerres des années 1950 en Indochine contre la France, comme en Corée contre les États-Unis mandatés par les Nations unies. En Corée, le conflit sanglant qui a vu l'affrontement direct de forces chinoises et américaines se solde par un cessez-le-feu, en 1953. Depuis soixante-dix ans, une ligne de démarcation, avec deux cent trente-huit kilomètres de frontière, est désignée comme la ligne démilitarisée de cessez-le-feu entre le Nord et le Sud. En fait, de part et d'autre, il s'agit de la zone la plus militarisée au monde avec des champs de mines considérables et des forces en nombre, dont trente mille soldats américains. C'est aussi une frontière entre deux mondes : l'un, fermé sur lui-même, la Corée du Nord, impossible à visiter. La langue de bois du parti qui y est de mise est régulièrement reprise par Kim Jong-un, « dirigeant suprême de la République populaire démocratique de Corée », le troisième de la dynastie. Son État reste un pays complètement fermé au monde. À l'inverse, la Corée du Sud est ouverte aux Occidentaux au point de devenir un pays en vogue et un exemple de développement.

Quelles que soient leurs origines, qu'elles constituent un lieu névralgique d'un point de vue stratégique, historique ou culturel, ces frontières sont des éléments sensibles de l'équilibre du monde. Leur contestation conduit parfois à des embrasements dont les conséquences pourraient être désastreuses. L'intangibilité des frontières semble recueillir un assentiment général comme le confirment les votes à l'Assemblée générale des Nations unies condamnant l'annexion de territoires ukrainiens par la Russie. Toutefois les modifications de statuts, comme pour le Kosovo ou le Soudan du Sud, démontrent que des limites administratives peuvent être transformées en frontières. En revanche, la tentative par Daesh en 2014 d'effacer celle entre l'Irak et la Syrie relevait d'une vision messianique qui a échoué. En conclusion, il semble qu'aujourd'hui le maintien des frontières soit un facteur de stabilité, même si des accords doivent permettre d'assouplir les règles régissant leur franchissement.

3.

Les frontières hermétiques

C'est un souvenir marquant, qui me propulse vingt-cinq ans en arrière. En 1999, je me trouve à Londres pour suivre les cours du Royal College of Defence Studies, cet établissement chargé de l'instruction des officiers supérieurs des Forces armées britanniques et des hauts fonctionnaires. Le groupe auquel j'appartiens fait son voyage d'études dans l'ancien Empire des Indes (Inde, Pakistan, Népal). Pour un Français, il est fascinant de parcourir ainsi ce sous-continent et de découvrir les relations entre anciens colonisés et colonisateurs, sous un rapport bien différent de celui connu en France.

Pendant notre visite au Pakistan, nous allons au nord, à Peshawar, la capitale régionale du Nord-Est qui jouxte ce qu'il est encore convenu d'appeler les « zones tribales ». Je visite seul le bazar de la ville, ce qui me vaut une alerte de la police locale. En effet, il ne leur semble pas prudent de me laisser me promener seul dans ce lieu de tous les échanges et de toutes les rencontres, escorté par deux adolescents qui me font rencontrer des marchands venant d'Afghanistan. Rien de cela n'était prévu dans le programme de la vénérable école anglaise avec laquelle j'étais venu. Il était plus convenable de boire du thé dans les salons de l'hôtel en restant sous bonne garde… Dans les allées de ce marché ancien, je peux ressentir ce changement de monde, proche de l'Afghanistan, alors tenu par les talibans. Dans la foule bigarrée, uniquement des hommes, barbus, dans des costumes locaux, je suis le seul Occidental. Enfin, avec mes camarades, sous bonne escorte, nous nous mettons en route vers les zones tribales, ces territoires sulfureux où les tribus pachtounes accueillent des groupes islamistes radicaux, en vertu des règles de l'hospitalité coutumière. Pour nous y rendre, un convoi est constitué avec une escorte armée.

Dès le franchissement de la barrière d'entrée, le ton est donné. La première « boutique » que nous croisons sur notre passage vend… des kalachnikovs ! Notre guide nous explique que dans cette région « un homme sans arme n'est pas un homme ». Nous finissons par atteindre un lieu mythique, la passe de Khyber. Il s'agit d'une longue montée de cinquante-huit kilomètres sinuant entre les montagnes, l'un des passages les plus importants entre l'Afghanistan et le Pakistan, à environ mille soixante-dix mètres d'altitude, entre les villes de Peshawar, côté pakistanais, et Jalalabad, côté afghan. Des dizaines de camions multicolores s'ébrouent avec lenteur sur la bande de bitume.

Du car qui nous transporte, nous apercevons sur les rochers les insignes des régiments britanniques qui y sont passés et dont une partie a été exterminée au milieu du

XIXe siècle. L'émotion de mes camarades britanniques est palpable. Nous sommes reçus par le bataillon des gardes-frontières. Un canon de 23 mm est braqué sur la passe, avec une vue splendide sur l'Afghanistan, ce monde alors fermé sous la férule des talibans. Le chef de poste nous explique que les camions qui gravissent poussivement la pente transportent peut-être trente tonnes de coton… mais pourquoi pas une tonne de pavot qui sera raffinée dans la zone avant d'être exportée vers l'Europe *via* l'Iran et les Balkans. La différence de culture et de mode de vie est évidente, bien concrète. Nous entrons dans un monde fermé où les seules femmes visibles nous apparaissent sous la forme de fantômes, cachées par la burqa, et les hommes sont généralement armés. Ces règles sont tellement éloignées des nôtres ! Vivons-nous encore dans le même monde ?

Deux ans plus tard, en 2001, l'opération américaine, rejointe un peu après par l'Otan, a ouvert cette frontière. De nombreuses associations ont essayé d'implanter nos valeurs et nos systèmes d'éducation ou de santé, formant essentiellement dans les villes une génération de jeunes, et de femmes notamment, à la liberté démocratique. Ce mouvement a duré vingt années, émaillées de combats. En 2021, les États-Unis abandonnent et le pays tombe à nouveau sous la férule des talibans, se refermant sur lui-même. La parenthèse est close et sa fin particulièrement cruelle.

Il y a plusieurs manières d'être enclavé : soit par le territoire, en raison d'une forme d'espièglerie de la géographie ; soit pour des raisons politiques, au mépris de considérations topographiques. C'est sur ces dernières enclaves que nous allons nous concentrer. Ces espaces clos, repliés sur eux-mêmes, où il n'y a pas de mouvement de population, ni depuis l'extérieur ni vers l'intérieur, qu'il s'agisse d'une volonté inhérente à ces pays où le fruit de décisions engendrées par des États étrangers. Bien souvent, les deux vont ensemble, et les mesures d'embargo imposées sur ces pays enclavés renforcent leur isolement. Là, les populations sont laissées en vase clos, et soumises à la seule influence de l'idéologie de leur régime. Cette situation se caractérise aussi par une vision politique forte de la part du pays concerné. Avec un double mouvement : l'idéologie singulière qui cherche à couper une population du monde extérieur ajoutée à l'embargo qui contribue à accentuer cette rupture avec l'étranger.

Cette situation présente, comme première conséquence, de laisser les dirigeants de ces enclaves très seuls, mais avec tout le pouvoir. Quant à la population, elle éprouve le sentiment qu'il y a peu de chances que les choses changent, avec un antagonisme dans le pays entre ceux qui soutiennent le régime et ceux qui y sont opposés, ce qui produit une fracture de la société.

L'Afghanistan, cimetière des empires

L'occupation perse, l'invasion soviétique, puis l'intervention américaine ont échoué en Afghanistan, pays de montagnes cerné par le Pakistan, le Tadjikistan, l'Iran, le Turkménistan, l'Ouzbékistan et la Chine.

Sur ces terres enclavées, la politique américaine de l'Otan a essuyé un incroyable revers. Mais pourquoi diable l'Alliance transatlantique est-elle allée se fourvoyer sur ce terrain compliqué ? Pour les Américains, embarquer avec eux l'Alliance dans cette aventure présentait l'avantage de ne pas être seuls dans ce pays tombé aux mains des talibans, bien que ce théâtre d'opérations se trouve largement en dehors de la zone de l'Atlantique Nord.

L'Otan a glissé d'une première opération qui consistait à chasser les talibans après 2001 et à retrouver Oussama Ben Laden, l'architecte des attentats du 11-Septembre, à une opération dans laquelle l'objectif était d'instaurer la démocratie en Afghanistan, en y implantant une vision occidentale de la société, sans port du voile et paritaire.

Ce double objectif a échoué parce que, sur le long terme, les Américains et les autres parties prenantes à cette guerre ne sont pas parvenus à susciter l'adhésion des Afghans, à les convaincre de partager leurs aspirations et leurs valeurs. Il faut se rappeler que l'Afghanistan reste une société dans laquelle le tribalisme est important et dont la population n'est pas du tout homogène. Les Pachtounes forment le plus grand groupe, mais il y a aussi les Tadjiks, les Ourdous, la minorité Hazara, et encore les Ouzbeks, les Aimak, les Turkmènes et les Baloutches.

L'une des premières difficultés réside dans la méconnaissance totale des Occidentaux quant aux subtilités de la culture afghane. Ainsi, les Américains qui sont partis en campagne militaire dans ce pays ont commencé par recruter des interprètes arabes, alors que les Afghans s'expriment dans bien d'autres langues. Ces difficultés d'appréciation – pour le dire poliment – ont débouché sur l'impossibilité de transformer cette société à l'image de ce que souhaitaient les Occidentaux.

Ainsi, 2021 signe la fin d'une l'illusion qui consiste à étendre la démocratie, y compris en tentant de l'imposer par les armes, à des populations rétives aux modes de vie occidentaux.

Dans la capitale afghane, avant l'intervention américaine de 2001, il existait une occidentalisation voulue, souhaitée, notamment par la bourgeoisie kabouliote. Cette attirance on la trouve dans les pans les plus privilégiés de la société afghane. La difficulté, c'est que dès lors que l'on a souhaité imposer ces usages et manières de vivre dans les campagnes plus conservatrices, la greffe a cessé de prendre. Au point que l'Occident inspire une forme de rejet. Les changements doivent infuser progressivement, de par la volonté des populations concernées, non celle de femmes étrangères qui viendraient imposer dans des villages reculés leurs théories sur les *gender studies* (études de genre).

En 2021, les talibans sont partis depuis les zones au sud et à l'est du pays, mais aussi dans la « zone tribale » du Pakistan. Et ils sont revenus progressivement pour finalement prendre Kaboul en bousculant les Américains.

La reconquête de l'Afghanistan a pu se dérouler avec le soutien et l'adhésion d'une partie importante de la population parce que les talibans reviennent avec une vision traditionnelle de la société afghane. Certes, au début, à leur retour, mi-août 2021, ils arborent un discours presque progressiste. Mais ils portent en fait malgré tout une vision traditionnelle de la société qui n'a pas été oubliée. Sans parler des messages qui touchent les Afghans : la lutte contre l'étranger, mais aussi la lutte contre les régimes corrompus qui ont récupéré tous les fonds déversés par les Occidentaux pour s'enrichir personnellement. Les membres de ces régimes ont d'ailleurs pris la fuite avant même l'arrivée des talibans. Des exils, comme autant d'aveux de corruption. Une fois les dirigeants liés à la parenthèse étrangère partis, les talibans constituent une classe dirigeante qui s'appuie sur un système religieux. Une fois ce régime rigoriste instauré, ce pays se ferme et il devient extrêmement compliqué pour les candidats au départ de le quitter. Une résistance existe pourtant, dirigée par le fils du commandant Massoud, la National Resistance Force ; qui cumule les actions de harcèlement contre les talibans et l'infiltration dans des différentes couches de la société. Difficile de dire aujourd'hui si ce mouvement l'emportera. Mais force est de constater que la méthode destinée à implanter de but en blanc nos valeurs, avec enthousiasme, mais sans connaissance réelle des structures anciennes d'un pays complexe n'était pas la bonne. Était-elle d'ailleurs nécessaire ?

Le joyau perse dans la tourmente

L'Iran, ce pays jadis berceau de la grande civilisation perse, a vu son destin basculer en 1979, lorsque la révolution a renversé le Shah, Mohammad Reza Pahlavi, symbole d'une occidentalisation décomplexée en Mésopotamie. De cette révolte, est né le régime des mollahs, désireux de ramener l'Iran à des principes religieux stricts en imposant une mainmise rigoureuse sur sa population.

La révolution islamique de 1979 a été un tournant majeur dans l'histoire de ce pays. Le Shah, soutenu par les puissances occidentales, incarnait une forme de modernisation rapide et parfois brutale du pays, au détriment des traditions et des valeurs ancestrales. Les mollahs, en prenant le pouvoir, ont cherché à redonner à l'Iran son identité perdue, en s'appuyant sur les préceptes de l'islam chiite et en instaurant une république islamique, sous l'impulsion de l'ayatollah Khomeini. Toutefois, cette quête d'authenticité s'est accompagnée d'une gouvernance autoritaire, restreignant les libertés individuelles, et étouffant les aspirations d'une société iranienne en pleine mutation.

Dans les villes iraniennes, où les minarets élancés côtoient les gratte-ciel modernes, une société ouverte et avide de progrès aspire à la liberté et les mollahs peinent à contenir cette volonté. Les récents mouvements de femmes, qui bravent l'oppression pour réclamer leurs droits dont l'absence est symbolisée par l'obligation de porter le voile, illustrent cette soif de changement. Pourtant, malgré les manifestations qui secouent le pays depuis le 16 octobre 2022, le régime, solidement ancré et renforcé par l'isolement de l'embargo, demeure sourd à ces appels. La répression sévère exercée par les forces de sécurité, les Pasdarans et les milices fidèles au pouvoir, témoigne de la détermination des mollahs à conserver leur emprise sur le pays.

Ces récents mouvements montrent à l'évidence que cette vision archaïque de la société n'est pas toujours partagée dans les villes, plus ouvertes et connectées au reste du monde, alors qu'elle continue de l'être dans les villages.

Le régime iranien, tenu d'une main de fer, résiste aux assauts d'une diaspora active mais épuisée. L'Occident, quant à lui, semble avoir détourné son regard des enjeux démocratiques, ne s'intéressant qu'à la menace nucléaire qui plane sur la région. La mouvance chiite, proche des Frères musulmans, est perçue comme un danger, en raison de son hostilité envers Israël et de sa capacité d'action. Son potentiel nucléaire et ses forces militaires, les Pasdarans en Iran, le Hezbollah au Liban et les Houthis au Yémen, sans compter les milices en Irak, alimentent une menace indirecte. Ces groupes armés, soutenus et financés par l'Iran, étendent leur influence dans la région, déstabilisant les pays voisins et attisant les tensions confessionnelles. Par leurs actions asymétriques, elles compensent la faiblesse militaire iranienne démontrée lors des actions directes contre Israël en avril 2024.

Le régime iranien adopte une posture agressive envers l'extérieur, renforçant ainsi sa cohésion interne. Le concept du « Grand Satan », meilleur ciment de cette République islamique, permet de rassembler ses partisans autour d'un ennemi commun, comme un rempart contre les vents contraires qui soufflent sur la région. Cette rhétorique belliqueuse, qui vise à légitimer la politique étrangère iranienne et à galvaniser la population, est également un moyen pour le régime en place de détourner l'attention des défis intérieurs et des aspirations démocratiques de la société iranienne.

Les perspectives de changement de régime sont minces, mais la question de l'arme nucléaire demeure une source d'inquiétude. Les accords conclus en 2015, avant l'arrivée de Donald Trump, permettaient un certain contrôle de Téhéran et de la montée en puissance de sa capacité nucléaire. Face à l'attitude de l'Américain, qui a déchiré cet accord construit dans la douleur, en imposant à nouveau des sanctions économiques sévères, le régime a repris son programme nucléaire et l'a même accéléré, pour se rapprocher dangereusement de l'acquisition de l'arme nucléaire.

En référence au discours de l'Union de George W. Bush en 2002, qui qualifiait l'Iran, l'Irak et la Corée du Nord d'« axe du Mal », on constate aujourd'hui que cette vision des relations internationales a conduit à un échec. La Corée du Nord possède l'arme nucléaire, l'Iran est sur le point de l'obtenir, et l'intervention en Irak a engendré des perturbations au Proche-Orient dont les répercussions se font encore sentir aujourd'hui.

Face à ces défis, l'Iran doit trouver un équilibre entre la préservation de son identité culturelle et religieuse et l'ouverture vers le monde extérieur, tout en répondant aux aspirations légitimes de sa population. La voie à suivre s'annonce complexe, mais il ne faut pas perdre espoir. La détermination et la résilience du peuple iranien, qui continue de lutter, sont des signes encourageants.

L'un des enjeux majeurs auxquels l'Iran est confronté est la question de la succession du Guide suprême, l'ayatollah Ali Khamenei, âgé de plus de quatre-vingt-cinq ans et dont l'état de santé est fragile. Cette succession pourrait être l'occasion d'une lutte de pouvoir entre les différentes factions du régime, mettant en péril la stabilité du pays. La mort brutale d'Ebrahim Raïssi[1], président et successeur potentiel du Guide, a relancé les incertitudes quant à la stabilité du régime. Le réformateur Massoud Pezeshkian, qui a été élu en juillet 2024, a annoncé sa volonté de sortir le pays de son isolement et de reprendre le dialogue sur le nucléaire. Mais les pouvoirs de ce nouveau président sont restreints ; les grandes lignes stratégiques sont fixées par le Guide suprême Ali Khamenei. De plus, la crise économique, aggravée par les sanctions internationales et la mauvaise gestion des ressources, pèse lourdement sur la population, accentuant les inégalités sociales et le mécontentement.

Le défi écologique est également crucial pour l'Iran, qui fait face à une sécheresse sans précédent, à la dégradation de ses ressources en eau et à la désertification. Ces problèmes environnementaux, qui menacent directement la sécurité alimentaire et l'équilibre social du pays, nécessitent une prise de

1. Tué dans un accident d'hélicoptère le 19 mai 2024.

conscience et une action urgente de la part des autorités iraniennes qui ne considèrent pourtant pas qu'il s'agisse là d'un enjeu prioritaire.

Enfin, l'Iran doit faire face à la montée en puissance de l'Arabie saoudite, son grand rival régional, qui cherche à contrecarrer son influence dans la région. Cette rivalité, qui se joue sur plusieurs fronts, notamment au Yémen, en Syrie et en Irak, mais aussi dans la crise à Gaza, alimente les tensions confessionnelles et rend la situation géopolitique encore plus instable.

Dans ce contexte incertain, l'Iran doit trouver les moyens de réconcilier son héritage perse, sa quête d'indépendance et de puissance, et les aspirations de sa population à la liberté, à la justice et à la prospérité. La solution viendra des Iraniens eux-mêmes. Nous ne pouvons que les aider de l'extérieur en mesurant bien les conséquences concrètes de nos décisions. La rupture, en 2018, des accords de Vienne par Donald Trump a eu pour conséquences d'accélérer la capacité de l'Iran à se doter de l'arme nucléaire tout en limitant le développement du pays. Le même président américain avait, dans le même temps, singulièrement relevé le niveau des sanctions contre Téhéran. Est-ce que cette décision ne renforce pas la posture des mollahs quand ils rendent l'Occident responsable de tous les maux du pays ? Nous devons nous poser ces questions et en tirer les leçons qui s'imposent. Pour le principal intéressé dans cette crise, Israël, la question est surtout la possibilité pour l'Iran de disposer de l'arme nucléaire. Après la démonstration de faiblesse de la défense iranienne en avril 2024, faudrait-il frapper et aider au renversement du régime avant qu'il ne soit trop tard ?

Cuba, les frontières de la liberté

La plus grande île des Caraïbes a été marquée par un régime révolutionnaire installé par Fidel Castro en 1959. Ce régime, qui s'inscrit dans la lignée des grandes révolutions d'Amérique du Sud, a rapidement tissé une alliance solide avec la Russie.

La relation Cuba-Russie a été le catalyseur de deux événements majeurs de la guerre froide : la baie des Cochons, en 1961, et la crise des missiles, en 1962, la première alerte atomique connue. Cette crise a mis le monde au bord d'une crise nucléaire et a marqué un tournant dans les relations internationales. Depuis, Cuba est devenue un acteur-clé dans les relations entre les États-Unis et la Russie.

Cette alliance stratégique a permis à Cuba de jouer un rôle significatif dans les guerres de décolonisation en Afrique, notamment en Angola et au Mozambique, où les Cubains ont été utilisés comme force militaire.

Les accords particuliers avec la Russie ont également permis à La Havane de bénéficier d'un soutien économique et militaire important, et de maintenir le régime en place malgré les difficultés. Toutefois, en dépit de ces accords particuliers avec la Russie, le pays n'a pu échapper à la ruine et Cuba peine à se maintenir à flot. L'embargo imposé par les États-Unis depuis plus de cinquante ans a largement contribué à la détérioration de la situation économique de l'île. Aujourd'hui, les Cubains tentent de survivre en misant sur le tourisme traditionnel, voire le tourisme médical, toute velléité politique de changement de régime étant systématiquement réprimée. Le cigare est probablement aujourd'hui le seul luxe exportable de ce pays.

L'île des Antilles ne représente plus une menace d'extension du communisme, mais elle s'est repliée sur elle-même. Cette situation est illustrée par les récents chiffres de l'émigration. En 2016, plus de 12 % des Cubains vivaient hors de l'île, les deux tiers de ces exilés ayant rejoint les États-Unis. Plusieurs vagues de départs se sont succédé depuis 1959, et avec l'intégration des nouvelles générations, ces familles d'exilés n'envisagent pas de revenir durablement à Cuba.

En 2022, la crise économique, marquée par des pénuries de nourriture, de médicaments et de carburant, a poussé environ trois cent vingt mille

Cubains à quitter l'île, soit près de 3 % de la population. Cette crise a été exacerbée par la pandémie de Covid-19, qui a durement touché l'économie cubaine, déjà fragile. Il semblerait que le régime encourage l'exil des dissidents pour réduire le nombre de prisonniers politiques et, de ce fait, réduire la capacité d'action d'une éventuelle opposition.

La géopolitique de Cuba est donc marquée par son histoire révolutionnaire, son alliance avec la Russie, ses difficultés économiques et son exode massif de population. Jadis symbole de la lutte révolutionnaire, l'île est aujourd'hui en quête de survie, prise entre la pression internationale, les défis économiques et la soif de liberté de son peuple étouffé par un régime que ses anciens laudateurs n'osent même plus prendre en modèle. Là encore, peut-être faudrait-il s'interroger sur l'efficacité du plus long embargo économique de l'histoire contemporaine qui, plus de soixante ans après sa mise en œuvre, n'a pas fait vaciller le régime en place, mais accentue l'isolement et la misère de la population. Le développement économique n'est-il pas un meilleur instrument de changement de régime ?

Le Venezuela

Il est en Amérique du Sud un pays très riche, qui dispose d'importantes ressources naturelles, en particulier du pétrole et du gaz. Ces dernières représentent 95 % de ses exportations et 25 % de son PIB. Malgré ses richesses, le Venezuela a connu une évolution politique tumultueuse et une crise économique majeure au cours des dernières décennies.

La situation politique a basculé en février 1989, lorsqu'une explosion des tarifs et des réformes économiques, en accord avec le Fonds monétaire international, a déclenché un soulèvement populaire sévèrement réprimé à Caracas. Deux tentatives de coup d'État ont eu lieu en 1992, dont l'une dirigée par Hugo Chavez. Élu en 1998, le « Faucon des prix » (son surnom) a dirigé le pays jusqu'en 2013, malgré une tentative pour le renverser en 2002. Avant sa mort, il a désigné comme son successeur l'ancien chauffeur de bus et syndicaliste Nicolás Maduro, devenu président par intérim, qui a remporté une nouvelle élection à la fonction suprême, en 2013.

Les années Chavez ont été marquées par une augmentation des dépenses sociales, rendue possible par une large augmentation de la dette du pays, qui est passée de 28 à 130 milliards de dollars, et par l'envolée du prix du pétrole dans les années 2000. Cependant, l'absence de réformes économiques a entraîné une détérioration de la situation dès que les prix du pétrole ont chuté à partir de 2008. Malgré les richesses naturelles du pays, Hugo Chavez a laissé un secteur privé et un tissu industriel atrophiés, un large clientélisme, une inflation très importante et une population confrontée à des pénuries alimentaires chroniques.

Le durcissement du régime, malgré une opposition active, a conduit à des sanctions économiques, de la part de l'Union européenne en 2017 et des États-Unis en 2019. Comme à Cuba, la crise économique a provoqué une forte émigration. Selon les Nations unies, un million six cent mille personnes ont quitté le Venezuela en 2015. En août 2018, face à cet afflux, le Brésil a déployé trois mille deux cents soldats à sa frontière pour assurer la sécurité des résidents brésiliens et des migrants vénézuéliens.

Le 23 janvier 2019, Juan Guaido, président du Parlement, s'est autoproclamé « président en exercice » du Venezuela et a prêté serment lors d'une manifestation organisée à Caracas. Il a obtenu immédiatement la reconnaissance de nombreux pays occidentaux, mais Nicolás Maduro est resté au pouvoir grâce au soutien des forces armées et continue de bénéficier de celui, diplomatique, de Cuba, de la Bolivie et de la Russie.

Récemment, dans une course en avant et avec la volonté d'exporter la « révolution bolivarienne », Nicolás Maduro a revendiqué une province de l'État voisin du Guyana, ajoutant une dimension territoriale à la crise politique et économique. Les élections du 28 juillet 2024, malgré leur contestation par de nombreux pays, ne feront que prolonger la présidence de Nicolás Maduro pour un troisième mandat.

Le Venezuela, malgré ses importantes ressources naturelles, a connu une évolution politique et économique chaotique au cours des dernières décennies. Sa dépendance excessive à l'égard du pétrole, l'absence de réformes économiques et le durcissement du régime politique ont conduit à une crise économique majeure, à une forte émigration et à une instabilité politique persistante.

Les exemples de Cuba et du Venezuela prouvent que les embargos ont tendance à renforcer les régimes qui y sont soumis. En effet, ils accentuent l'isolement du pays et laissent donc le champ d'action aux régimes totalitaires. Par ailleurs, la situation économique s'aggravant, elle conduit à une émigration croissante qui touche surtout les populations hostiles au régime. Ainsi le double effet de l'émigration et des difficultés de vie dans le pays conduit à renforcer la mainmise du régime. À l'inverse, est-ce que les échanges commerciaux ne permettraient pas de renforcer la contestation interne et de conduire à terme à un changement de régime ?

4.

De l'absence de frontières

En 1992, le Liban était occupé, au nord par la Syrie et au sud par Israël, le fleuve Litani marquant la séparation des deux zones. Je commandais alors le bataillon français de la FINUL dont la mission était d'assurer la sécurité du camp de Naqoura (Sud-Liban) et une partie de la logistique de la force. La Force intérimaire des Nations unies au Liban, créée en 1978 par le Conseil de sécurité, avait reçu pour mission de « s'assurer du retrait » des troupes qui avaient envahi le Liban et de « rétablir la paix et la sécurité internationales ». Ce mandat était extrêmement difficile à faire respecter, compte tenu des forces en présence. Un jour du printemps 1992, Tsahal mène une incursion au Liban à la suite d'une attaque de groupes armés. Un bataillon de casques bleus fidjiens s'interpose, car cette incursion ne correspond pas aux principes posés par le mandat de l'ONU. En réponse, les hélicoptères israéliens ouvrent le feu. Les Fidjiens sont touchés très sérieusement, pour certains mortellement. Ils étaient à bord de véhicules de l'avant blindés (VAB) français. Dans le cadre du mandat du bataillon, la compagnie du matériel est chargée de remettre en état tous les matériels d'origine française présents sur place. Je me souviens des mécaniciens placés sous mes ordres dont la première mission a été de nettoyer le sang et les traces de la mort de ces casques bleus, avant de réparer les véhicules. Il y avait même eu un tir de char israélien dans la fenêtre du bureau du commandant irlandais. Les militaires israéliens m'ont ensuite expliqué qu'il s'agissait d'une erreur. Étant moi-même tankiste, je leur ai dit qu'une telle erreur était impossible. La volonté d'intimidation était évidente. La FINUL a émis une « *strong protest* » pour marquer formellement sa réprobation, mais il ne s'est rien passé au Conseil de sécurité, parce que les Américains s'y sont opposés. L'agressivité israélienne envers l'ONU est constante. Cela a commencé à Paris, et donc sur le territoire français, dès le départ du bataillon pour le Liban. En effet, à cette époque, on arrivait au Liban en passant par Tel-Aviv. À l'aéroport, avant de partir, nous avons été interrogés[1] successivement par trois personnes différentes de la sécurité israélienne. Ensuite, toutes les trois ont discuté pour comparer les informations recueillies et décider de nous autoriser à partir ou pas. Une fois sur place, quand j'envoyais une patrouille sillonner la zone sud du Liban où étaient les Israéliens, si Tsahal l'apprenait, ma patrouille était bloquée dès la sortie du camp de Naqoura. Il fallait négocier en permanence. Tout cela

1. Quand je dis « nous », je parle de soldats français en uniforme…

montre bien que l'ONU n'a aucune prise sur le terrain face à Tsahal. Pourtant en 2006, après une opération ratée au Sud-Liban, c'est bien l'intervention de l'ONU, avec la résolution 1701 et le déploiement en un temps record de douze mille casques bleus français, espagnols et italiens, qui sauva la mise d'Israël[1] !

Les frontières entre l'État hébreu et le Liban comme celles avec la Palestine ont cette spécificité de ne pas avoir été définies. L'ONU est constamment face à un fait accompli dont nous touchons aujourd'hui les limites, que ce soit avec Tsahal ou le Hezbollah.

La création d'Israël est souvent décrite comme relevant de la mauvaise conscience de l'Occident après la Seconde Guerre mondiale et l'extermination de six millions de Juifs. Toutefois, le projet de création d'un État refuge existait bien avant la Shoah, après les nombreux pogroms subis par les Juifs au cours de leur histoire. Le principe en avait été accepté durant la Première Guerre mondiale. En 1917, la déclaration du secrétaire d'État britannique aux Affaires étrangères, Arthur Balfour, exprimait le soutien du Royaume-Uni en faveur de « l'établissement en Palestine d'un

1. À cette occasion, je suis renvoyé à New York pour superviser ce déploiement.

foyer national pour le peuple juif ». Theodor Herzl, journaliste et écrivain austro-hongrois, avait fondé le mouvement sioniste au congrès de Bâle en 1897. Il avait également créé le Fonds pour l'implantation juive, qui favorisait l'achat de terres en Palestine, territoire ottoman depuis 1517. Sa confrontation à l'antisémitisme a motivé son engagement pour la constitution d'un « abri permanent pour le peuple juif ». Sa demande est appuyée à Londres auprès de Churchill par Chaim Weizmann, un scientifique russe qui a inventé le procédé facilitant la production de la dynamite. Un accord est trouvé en 1919, lors de la conférence de la paix à Paris entre Weizmann et le délégué arabe, l'émir Fayçal ben Hussein, fils du roi du Hedjaz. L'accord n'eut toutefois pas de suites. En 1920, la conférence de San Remo confie un mandat de la Société des nations aux Britanniques en Irak et en Palestine, et aux Français en Syrie et au Liban. Londres devient gestionnaire du territoire avec pour objectif de placer le pays dans des conditions politiques, administratives et économiques qui permettront l'établissement d'un foyer national juif et le développement d'institutions d'autogouvernement. La déclaration Balfour passe alors au second plan. Avec les émeutes antijuives de 1920 commence une série de heurts entre les deux communautés, juive et arabe.

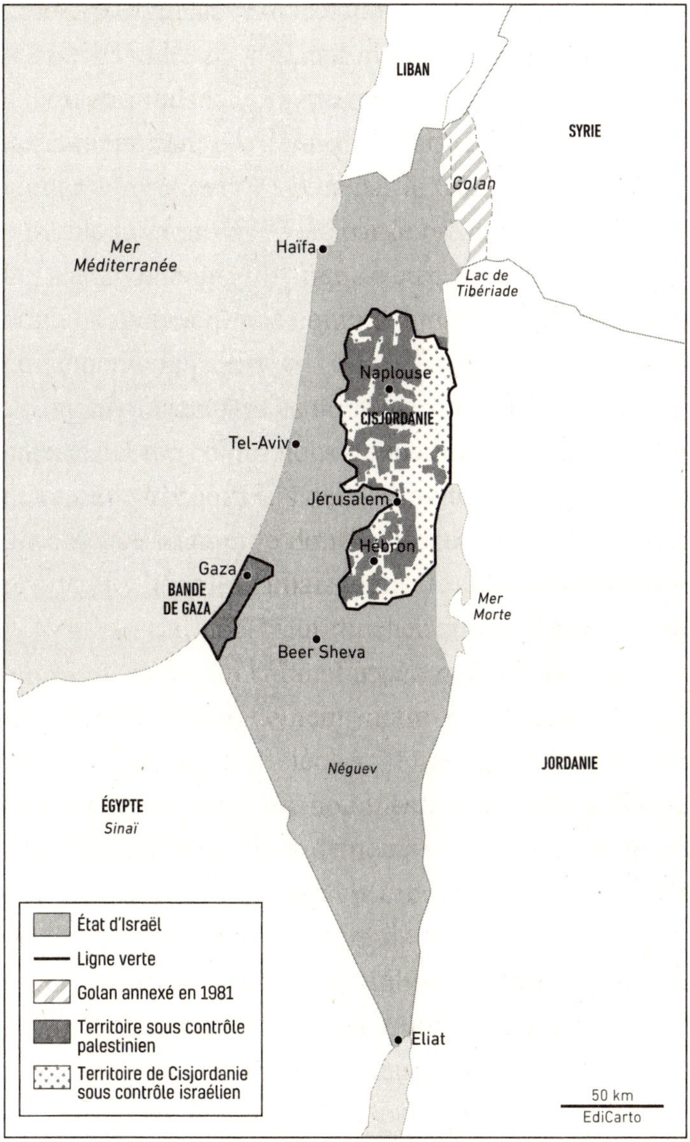

2. Le Proche-Orient

Le projet réapparaît après la Seconde Guerre mondiale. Beaucoup de survivants des camps de concentration ne peuvent rentrer chez eux, notamment dans les pays de l'Est où de nouveaux massacres sont commis. En février 1947, le Royaume-Uni annonce qu'il renonce à son mandat en Palestine. En novembre, la résolution 181 est adoptée par l'ONU. Le comité spécial recommande la création de deux États distincts, un État juif et un État arabe, liés par une union économique, la région de Jérusalem étant placée sous administration internationale. Les frontières des deux États définissent des régions non reliées entre elles, de telle sorte qu'il est impossible de faire le tour de l'une sans passer par l'autre. La population arabe de Palestine et les pays arabes refusent ce plan de partage et déclarent ouvertement leur volonté d'empêcher la création de l'État hébreu. David Ben Gourion proclame l'État d'Israël quelques mois plus tard, en mai 1948. Cinq armées arabes envahissent le pays le soir même. Israël l'emporte et conquiert des territoires plus importants que ceux prévus par la résolution 181, notamment Jérusalem-Ouest qui est proclamée capitale en janvier 1950. Pour les Arabes palestiniens, cette défaite marque la *Nakba* (la catastrophe) et l'exil forcé de six cent à huit cent mille d'entre eux. La bande de Gaza est désormais administrée par l'Égypte, la Cisjordanie par la Transjordanie – qui deviendra la Jordanie.

Les frontières actuelles correspondent déjà à un statu quo, modifié par la guerre des Six-Jours en juin 1967. Les troupes égyptiennes se massent à la frontière israélienne après le blocage du détroit de Tiran décidé par Nasser dans un climat de tensions régionales. Les Israéliens répliquent aussitôt et l'emportent en quelques jours. Ils conquièrent de surcroît la bande de Gaza, le plateau du Golan, la Cisjordanie, Jérusalem-Est et la péninsule du Sinaï, que l'Égypte récupérera dans le cadre des accords de Camp David, après la guerre du Kippour, en 1975.

Le 22 novembre 1967, la résolution 242 est approuvée à l'unanimité par les quinze membres du Conseil de sécurité de l'ONU. Elle affirme « l'inadmissibilité de l'acquisition de territoires par la guerre », insiste sur la « nécessité d'œuvrer pour une paix juste et durable » et réclame le « retrait des forces armées israéliennes des territoires occupés au cours du récent conflit ».

Cependant, le statu quo s'impose toujours. Israël défend les frontières de territoires pourtant désignés par l'ONU comme occupés. Certains groupes palestiniens ne renoncent pas et recourent aux actions terroristes, comme aux Jeux olympiques de Munich en 1972. Le Hamas est créé en 1987, après la première Intifada[1]. En 1993, premier signe d'espoir, sous l'égide de Bill Clinton, deux ennemis irréductibles acceptent de se serrer la main. Yitzhak Rabin, le Premier ministre israélien, et Yasser Arafat, le président palestinien, veulent croire en la paix. Les accords d'Oslo posent un mode de négociation destiné à donner une autonomie palestinienne temporaire afin de parvenir à cet objectif. Le Hamas refuse ces accords et mène des attentats suicides. L'assassinat d'Yitzhak Rabin en 1995 par un extrémiste israélien enraye définitivement le processus. D'un côté comme de l'autre, les extrémistes le torpillent.

Le statu quo des frontières demeure, une nouvelle fois. Benyamin Netanyahou devient Premier ministre en 1996 et met un terme au processus de paix. Les négociations ne sont pas reprises. Au contraire, la colonisation est relancée. Les frontières évoluent au gré de l'implantation des colonies juives en Cisjordanie[2]. L'électorat du Likoud adhère à la thématique du Grand Israël mais pas à la politique économique très libérale de Netanyahou, ce qui lui vaut un retour dans l'opposition. Après l'évacuation de la bande de Gaza en 2005 par Ariel Sharon, Benyamin

1. De l'arabe *intifāda*, « soulèvement », le mot désigne une révolte.

2. Appelée Judée-Samarie en Israël.

Netanyahou redevient progressivement le leader du Likoud et retrouve le pouvoir en 2009. Il s'allie avec les plus radicaux et poursuit la politique des colonies, c'est-à-dire l'autorisation de la colonisation de la Cisjordanie, faisant fi de tous les règlements internationaux qui s'y opposent. Il pratique la politique du pourrissement, en faisant de Gaza un vaste camp, tout en permettant une aide financière qui favorise le Hamas aux dépens de l'Autorité palestinienne – qui avait signé les accords d'Oslo. La charte du Hamas, organisation terroriste reconnue comme telle par la France, stipule qu'il « n'y aura aucune reconnaissance d'une légitimité de l'entité sioniste », autrement dit d'Israël.

En 2020, les accords d'Abraham proposés par les États-Unis réunissent Israël et les Émirats arabes unis, le Bahreïn, puis le Soudan et le Maroc, afin d'établir des échanges économiques. L'Arabie saoudite est en passe d'y adhérer. Ces accords privilégient les échanges commerciaux et semblent laisser la question palestinienne en suspens.

Les attaques du 7 octobre sont un choc pour Israël tant par leur horreur que par son incapacité à les empêcher. Netanyahou s'est préoccupé essentiellement de la colonisation en Cisjordanie vers laquelle il a orienté l'outil sécuritaire, en laissant Gaza dans un « angle mort ». Le chef du renseignement militaire a démissionné, estimant ne pas « avoir été la hauteur de la tâche qui lui avait été confiée », alors que Netanyahou s'accroche au pouvoir. Sa seule « stratégie » est la guerre – ce qui constitue une tactique et non pas une stratégie. Il ne propose pas de plan pour en sortir, un plan que réclame publiquement Benny Gantz[1], opposant à Netanyahou, entré au gouvernement après le 7 octobre. La pression pour obtenir ce plan est également exercée par l'état-major israélien, *mezza voce*. Le Premier ministre sait que son gouvernement, et donc son poste, ne résisteraient pas à des pourparlers de paix. Il devrait alors rendre compte de ses actes devant la justice israélienne. De plus, un mandat est désormais lancé contre lui par la Cour pénale internationale en raison des actions menées contre les civils à Gaza. La résolution 2735, votée le 10 juin 2024, amorce finalement la possibilité d'une sortie de crise, mais les protagonistes du Hamas comme d'Israël, s'ils y voient une solution à court terme, ne s'accordent pas sur le long terme, c'est-à-dire la reconnaissance de deux États.

La politique de colonisation de la Cisjordanie menée par Netanyahou a supprimé la perspective de frontière. La Cisjordanie ressemble à une peau de

1. Son départ, en juin 2024, du cabinet de guerre provoque la dissolution de ce dernier.

léopard, un territoire morcelé. La seule frontière qui existe encore, ce sont les murs construits pour assurer la sécurité des colons contre les Palestiniens. La notion de frontière n'existe plus non plus à Gaza où Netanyahou veut visiblement établir une zone tampon de deux kilomètres de large, sans dire comment elle sera régie. Refusant tout État palestinien, donc il réfute toute idée de frontière.

Par contraste, les accords d'Oslo définissent un processus par étapes. La déclaration, en 1993, posait le cadre général des négociations sur le principe d'un régime d'autonomie palestinienne à Gaza et en Cisjordanie. L'accord de Jéricho-Gaza (Oslo I) en 1994 investit la nouvelle Autorité nationale palestinienne de pouvoirs limités. L'accord de Taba en 1995 (Oslo II), suppose un découpage négocié des territoires palestiniens en trois zones où les contrôles israélien et palestinien s'appliquent de façon différente. Cela signifie que des Israéliens actuellement installés dans des colonies devraient les quitter. Tsahal devrait donc chasser des colons de Cisjordanie. Des colons qui sont armés et qui ont toujours dit qu'ils défendraient leur terre jusqu'au bout.

Nous sommes là face à des territoires sans frontières. Israël, qui bénéficiait d'un statut particulier à l'issue de la Shoah, est en train de perdre la guerre sur le plan de la communication. La réaction après le 7 octobre avait été comprise par les opinions occidentales. L'action violente dans la durée ne l'est plus dans une grande partie du monde où l'on considère qu'Israël est allé trop loin. La protection que lui accordait une majorité de pays est en train de disparaître. Beaucoup considèrent que l'État hébreu doit être désormais traité comme les autres et ne plus ignorer l'ONU. À cause de la politique de Netanyahou, Israël est de plus en plus isolé dans le monde. Toute une partie de la population israélienne qui était favorable à la création d'un État palestinien a basculé. Elle soutient maintenant la guerre. Les terroristes ont attaqué des kibboutz peuplés d'Israéliens qui étaient favorables à leur cause. Pire encore : la violence de la riposte de l'État d'Israël fait le lit du terrorisme et entretient – voire amplifie – la menace sur sa pérennité, enclenchant un cercle vicieux.

Car existe-t-il une autre option possible que la solution à deux États ? Évidemment non. Israël a perdu son statut particulier, mais il faut noter que l'attaque menée par l'Iran en avril 2024 a fédéré les alliés occidentaux d'Israël et les États sunnites modérés, Égypte, Jordanie, Émirats arabes unis et Arabie saoudite. Preuve que l'État hébreu peut rompre son isolement dans sa lutte contre les terroristes du Hamas.

De plus, l'élimination du chef du Hamas, Ismaël Haniyeh, à Téhéran le 31 juillet 2024 démontre la capacité d'Israël non seulement à poursuivre les frappes ciblées mais aussi à élever le conflit entre Israël et le Hamas en un conflit régional, voire plus global. Il renforce encore la perception de faiblesse de l'Iran, incapable d'empêcher de telles actions sur son territoire. « J'ai fait la guerre aussi longtemps qu'il n'y avait aucune chance de faire la paix », lançait Yitzhak Rabin juste avant son assassinat devant cent mille personnes venues l'écouter à Tel-Aviv. C'est à lui qu'on prête la formule selon laquelle « seul un peuple fort peut faire la paix avec son ennemi ». En poursuivant à outrance la guerre à Gaza, Netanyahu a en réalité isolé et donc affaibli la position d'Israël dans le monde, même si la protection d'Israël face à l'Iran reste une constante des pays occidentaux.

Les frontières ont toujours délimité les contours géographiques d'un pays, sur la base de son histoire, de sa géographie, des guerres qu'il a menées, des accords qu'il a négociés. Des frontières ouvertes, ou résultant d'un statut quo plus ou moins toléré, marquent toute l'existence d'un État et résultent d'accords ou d'alliances. L'absence de frontières ne peut conduire qu'à la confrontation à l'intérieur même d'un pays, ce qui est encore plus dangereux que l'affrontement entre pays. La création de l'Organisation des Nations unies en 1945 visait à bannir la guerre. « Nous, peuples des Nations unies, résolus à préserver les générations futures du fléau de la guerre… », clame son préambule. L'extension des rivalités dans le monde rend plus nécessaire que jamais cette volonté de juguler les conflits et donc de partir de bases établies par les frontières. Toutefois les frontières ne sont pas tout. La mondialisation révèle d'autres zones de friction qui relèvent de flux ; ceux-ci concernent la circulation des hommes, des produits, des savoirs, des informations. Il s'agit probablement de nouveaux lieux de confrontation qu'il nous faut à présent étudier.

II

Les voies de communication, lieux des conflits

5.

La bande sahélo-saharienne, autoroute des trafics

En 2007, une résolution du Conseil de sécurité de l'ONU donne l'autorisation à l'Union européenne de monter une opération humanitaire dans l'est du Tchad pour protéger les camps de réfugiés venus du Darfour, à l'ouest du Soudan. De New York, je contribue au montage de cette mission et me rends sur le terrain. À Abéché, dans l'Est tchadien, une région complètement désertique, nous rencontrons les responsables d'ONG (organisations non gouvernementales) chargées d'aider ces populations qui ont subi de terribles violences. Les ONG gèrent les camps, apportent de la nourriture, mettent en place des classes pour les enfants, etc. Les militaires, eux, assurent la sécurité et la logistique. Alors que les membres du Conseil de sécurité accomplissent une de ses missions sur le terrain et que je les accompagne, je revois encore à Abéché, dans cette zone désertique, les ambassadeurs se tenant sous le seul arbre procurant un peu d'ombre tandis que le soleil est à la verticale et que la température avoisine les quarante-cinq degrés. Passant la nuit sur place, je découvre qu'en tant que militaire, il m'est refusé de monter dans la voiture d'une ONG. La confrontation entre les « peace and love » et les militaires est toujours présente, même au milieu du désert. Pourtant, dans une telle situation, les humanitaires comme les réfugiés ont besoin de notre protection, mais les préjugés ont la vie dure. En 1993 déjà, en ex-Yougoslavie, la responsable de l'UNHCR[1] me l'avait expliqué. Alors que la résolution de l'ONU donnait explicitement aux militaires la mission d'escorter les convois humanitaires, les organisations chargées de ces convois ne voulaient pas en entendre parler. En fait, pour elles, travailler avec les militaires signifierait qu'il y a la guerre, or, elles ne voulaient pas donner le sentiment de s'y associer. Il s'agit d'une position « idéologique », très loin de la réalité du terrain, même s'il faut reconnaître que pour défendre cette position, les membres de ces ONG étaient prêts à risquer leur vie.

Le Sahel, une géographie exposée à tous les trafics

Le golfe de Guinée, dont les pays riverains sont le Bénin, le Togo, le Ghana et la Côte d'Ivoire, est un point d'arrivée des trafics de drogue provenant

1. United Nations High Commission for Refugies, agence de l'ONU pour les réfugiés.

d'Amérique du Sud. À partir de cette côte, la marchandise est acheminée vers le Sahel, la Méditerranée et l'Europe, qui est le plus gros consommateur de produits stupéfiants. À ce flux de matières illégales, se joint celui des migrants. Cette partie du Sahel a toujours été une zone de trafics où opèrent des personnages sans scrupule dont le principal objectif est l'argent, prêts à rejoindre des mouvements terroristes pour assurer leur pouvoir. L'un d'eux était surnommé Mister Marlboro, car il faisait de la contrebande de cigarettes à une large échelle. Mais il est également connu sous le nom de Mokhtar Belmokhtar[1], l'un des fondateurs d'Al-Qaïda au Maghreb islamique en 2007, à l'origine de nombreuses prises d'otages dont plusieurs ont abouti à la mort de ressortissants français. D'origine algérienne, il s'est installé au Mali, puis s'est replié en Libye, créant son propre mouvement islamiste avant de revenir au sein d'AQMI. Les « autoroutes » du désert sahélien étaient son territoire. Elles sont le lieu d'exercice de tous ces trafiquants de drogues, de cigarettes, d'armes ou d'êtres humains. Ils y gagnent l'argent qui leur permet d'alimenter des zones extrêmement pauvres leur servant de base.

Dans ces zones désertiques, les frontières s'effacent, elles sont perméables. Aucun État ne peut les

1. Il aurait été tué par une frappe française en novembre 2016.

contrôler totalement. Ces pseudo-États présents dans la région, qui parfois prennent l'appellation de califats, profitent des trafics pour s'enrichir et déstabiliser les pays qui pourraient contester leurs activités. Disposant de plus d'argent que les gouvernements, ils peuvent financer des groupes armés, des écoles coraniques et des tribunaux appliquant la charia. Ils contrôlent ainsi les populations locales et perçoivent l'impôt. Cela leur permet de contrôler les axes de circulation.

Il existe un lieu qui matérialise tous ces flux au milieu du désert, au nord du Sahel : il s'agit du fort de Madama, un fortin bâti par la France dans les années 1930 sur la transsaharienne. Il se situe au nord du Niger, en plein désert, à deux cents kilomètres de la passe de Salvador qui relie la Libye à l'Algérie et au Niger. Ce fortin a servi en 2014 pour créer une base opérationnelle avancée. Quand vous atterrissez dans cette base militaire, vous avez l'impression d'arriver au « milieu de *nowhere* », c'est le cas de le dire. Un décor et une ambiance qui font penser au *Désert des Tartares*[1]. À perte de vue, il n'y a que ce désert de sable rouge, couleur de la latérite. La température peut atteindre cinquante degrés, ce qui explique que

1. Dino Buzzati, *Le Désert des Tartares*, Paris, Robert Laffont, 1949.

les tentes sont climatisées. Le premier village est à trois cents kilomètres. Le ravitaillement ne peut se faire que par avion. Une piste de deux kilomètres de long permet à des gros-porteurs comme les A400M de se poser. Ce lieu au milieu de nulle part est essentiel pour contrôler ces flux. Pourtant, rapidement, l'armée française a dû l'abandonner, et en laisser le contrôle à l'armée nigérienne.

Plus au sud, la zone stratégique du Sahel est à cheval sur trois États : le Niger, le Mali et le Burkina Faso. Il n'y a pas de contestation des frontières en elles-mêmes entre ces pays, mais des conflits d'influence pour la maîtrise des flux disputés à des mouvements qui recourent au terrorisme, à la prise d'otages et à toutes les contrebandes pour asseoir leur système. Progressivement, la France, qui contribuait au maintien des équilibres dans cette zone, en a été chassée. Des coups d'État militaires ont renversé les régimes avec lesquels nous coopérions au profit de juntes résolument hostiles à la France et soutenues par la Russie.

Les juntes ont pris le pouvoir au Mali en mai 2021, au Burkina Faso en janvier 2022 et au Niger en juillet 2023. D'une certaine façon, la force qui avait libéré le Mali en 2013 a été perçue progressivement comme une force occupante. Aujourd'hui, la France est devenue « radioactive », désignée comme infréquentable en tant qu'ancienne puissance coloniale. Il n'est plus possible d'avoir un dialogue. Cette situation ne devrait pas empêcher d'autres pays de s'impliquer, comme l'Europe ou les États-Unis. Mais dans le contexte du chaos voulu par la Russie et de l'opposition provoquée entre « l'Occident global et le Sud global », tous les pays européens et les Américains eux aussi sont regardés avec méfiance.

Ce procès autour de la colonisation est une manipulation totale. Plus de soixante-cinq ans après les indépendances, nous sommes dans des pays où 60 % de la population a moins de vingt ans. Ces jeunes n'ont donc pas connu la colonisation ! Pas plus que nos dirigeants. La colonisation n'est qu'un instrument de propagande efficace auprès d'une jeunesse désorientée, privée d'emploi, et fatiguée par ses dirigeants. Mais il est vrai aussi que nous avons une incapacité à traiter avec cette Afrique en plein changement.

Alors que notre lien ancien avec ces pays est constitué par la langue et la culture, nos échanges avec les pays francophones ne représentent plus que 5 % de nos échanges commerciaux, dont la Côte d'Ivoire détient une grande part. Le thème du colonisateur est porteur sur le plan de l'idéologie, même s'il ne repose sur aucune réalité, compte tenu des faibles intérêts de la France dans ces pays, à l'exception du Niger avec l'uranium – mais dont l'importation en

France a largement diminué. Nous développons beaucoup plus de relations économiques avec le Nigeria, l'Afrique du Sud, le Kenya ou l'Égypte, qui n'ont aucun lien colonial ni linguistique avec la France. Ce recul de la France en Afrique ne concerne qu'assez peu finalement notre économie. En revanche, il pèse très lourd dans notre position sur le plan international.

La France est l'un des cinq membres permanents du Conseil de sécurité de l'ONU qui disposent d'un droit de veto, aux côtés des États-Unis, de la Chine, de la Russie et du Royaume-Uni. La France est crédible parce qu'elle est une puissance nucléaire (« dotée », dit-on), mais aussi parce que c'est une puissance mondiale qui a la capacité d'entraîner quarante pays africains à l'ONU. Je devrais dire « qui avait la capacité » car ce dernier point est beaucoup moins vrai aujourd'hui. Il est pourtant très important. Quatre-vingts pour cent des opérations de la paix de l'ONU se font en Afrique. D'ailleurs, depuis la création de ce poste en 1992, le secrétaire général adjoint aux opérations de maintien de la paix a toujours été un Français. D'une certaine façon, c'était la France qui permettait la majorité des opérations de l'ONU sur ce continent sans toutefois y participer directement, mais en les soutenant. Or, depuis plusieurs années, la France n'est plus à la manœuvre en Afrique. Ce peut être un choix, mais, en nous désintéressant de l'Afrique et des pays francophones, nous ne mesurons pas les conséquences politiques de cette position, et globalement de la perte de l'influence de la France dans le monde – et singulièrement à l'ONU.

Tout ce qui se passe aujourd'hui est advenu presque par inadvertance en Centrafrique il y a une dizaine d'années.

À l'époque, la France menait plusieurs opérations militaires dans la région. L'opération Serval a été lancée en janvier 2013 au Mali, élargie en 2014 par l'opération Barkhane qui l'a étendue au Niger et au Burkina Faso, et l'opération Sangaris a été déclenchée en décembre 2013 en Centrafrique.

La déstabilisation en Centrafrique est stoppée par l'intervention des forces françaises de Sangaris. Cela conduit à l'élection du président Touadéra en 2016. Une fois la stabilité établie, la France décide de retirer la force Sangaris, pour porter l'effort sur Barkhane. Quelque temps après, le président Touadéra, qui veut réformer l'armée centrafricaine, demande à pouvoir disposer d'armes. Il s'adresse à la France qui propose de lui livrer des kalachnikovs saisies par une frégate française dans le cadre de l'opération de l'ONU contre le terrorisme au large de la Somalie. Le seul problème, c'est qu'une résolution à propos des armes saisies précise qu'elles doivent être détruites. Les Russes rappellent ce point à la France. Ne pouvant livrer les armes, la France propose alors au président Touadéra de s'orienter vers Moscou, puisque les Russes disposent de beaucoup de kalachnikovs. Faustin-Archange Touadéra rencontre Sergueï Lavrov, ministre des Affaires étrangères de Russie, à Sotchi. Celui-ci accepte de livrer des armes, avec l'autorisation du Conseil de sécurité. Mais, en plus des armes, les Russes fournissent des instructeurs sous la forme de la société Wagner. Et c'est ainsi que la force Wagner est arrivée en Centrafrique, ce pays devenant alors la plaque tournante des Russes en Afrique. Depuis, ceux-ci se sont étendus en Libye, au Soudan, au Mali, puis au Burkina Faso et au Niger.

L'opération n'a pas coûté grand-chose aux Russes. Au début, Wagner assurait la protection du président Touadéra, la formation de l'armée centrafricaine et se payait avec des contrats sur les mines, en particulier de diamants. Mais ils sont allés plus loin : les taxes d'entrée en Centrafrique sont revenues à Wagner. L'opération était donc très avantageuse pour eux. La Centrafrique ne pouvait disposer que d'armements légers, mais, petit à petit, la Russie a fourni des mitrailleuses, des mortiers, des armements plus lourds. Le président Touadéra n'a aucun contrat avec Wagner, juste avec la Russie. Mais la Russie sous-traite à Wagner.

Lors de la campagne pour la réélection de Touadéra en 2020, les rebelles, venus essentiellement du Nord, ont tenté de déstabiliser le gouvernement. Cette rébellion armée a été arrêtée grâce à Wagner qui a renforcé son dispositif pour défendre le président Touadéra avec l'aide du Rwanda qui a envoyé un bataillon. À partir de l'action en RCA, les Russes ont testé leur capacité à déstabiliser l'action de la France, et donc des Occidentaux, en Afrique. Ils sont sur place et se servent de l'argument de la colonisation pour contester la présence française. À cette fin, ils savent parfaitement utiliser les réseaux sociaux.

La RCA a constitué une porte d'entrée en Afrique. Au Sahel, Barkhane s'est retirée à la demande du gouvernement malien en novembre 2022, et la MINUSMA a suivi en décembre de l'année suivante.

Désormais, les dirigeants des trois juntes établies au Niger, au Mali et au Burkina Faso sont des militaires formés en Russie. La mort d'Evgueni Prigogine[1] a permis la création de l'Africa Corps qui a pris la place de Wagner et défend les intérêts de Moscou en lien avec le GRU, le service de renseignement extérieur de l'armée russe. Des unités

1. Créateur et dirigeant de Wagner, auteur d'une tentative de coup d'État en Russie les 23 et 24 juin 2023, assassiné dans le crash de son avion le 23 août de la même année.

paramilitaires russes commencent à arriver. Il ne faut pas oublier que les Russes étaient présents en Afrique avant la chute du mur. Ils ont donc trouvé, à cette occasion, le moyen d'y revenir, mais en mandatant une société privée.

Cette négligence initiale en Centrafrique a affaibli nos positions en Afrique francophone et celle de la France au Conseil de sécurité de l'ONU.

À court terme, nous ne pouvons malheureusement rien faire. Nous sommes devenus « radioactifs ». Tout le monde s'écarte de nous. Pour ces trois pays du Sahel, la France est devenue un bouc émissaire facile. Il faut toutefois raison garder. Historiquement ces pays s'étaient tournés vers Moscou dès leur indépendance dans les années 1960. Aucune force française n'était présente sur leur sol avant les actions djihadistes en 2013. Il ne s'agit donc pas d'un changement stratégique mais plutôt de la fermeture d'une parenthèse, même si les circonstances du départ ont été humiliantes, surtout au Niger. Ailleurs en Afrique, là où des accords de défense lient la France à certains pays, il est important d'adopter un profil plus bas. C'est le cas avec le changement de statut des forces françaises dans les pays de l'Ouest africain (Sénégal[1],

1. Il conviendra pour ce pays d'observer les changements possibles après les récentes élections en mars 2024.

Côte d'Ivoire et Gabon) dans lequel les dispositifs français se sont allégés pour se concentrer sur des missions de formation. Les volumes de forces ont été divisés par deux. En février 2024, l'ancien secrétaire d'État à la Coopération, Jean-Marie Bockel, a été nommé « envoyé personnel » du président de la République pour « expliquer les raisons et les modalités de ces adaptations » et se mettre « à l'écoute des besoins » des Africains.

La menace s'articule aujourd'hui autour du Bénin, du Togo et de la Côte d'Ivoire. Ils bordent le golfe de Guinée et leurs frontières nord sont maintenant des zones de confrontation avec les mouvements djihadistes, qui profitent de l'instabilité grandissante du Sahel et de l'influence de la Russie pour déstabiliser ces pays présentés comme des soutiens de l'Occident.

Pour le reste de l'Afrique, le Nigeria arrive à contenir, si ce n'est à contrôler, la menace Boko Haram, une organisation qui, elle aussi, est à cheval sur quatre frontières (Nigeria, Cameroun, Tchad, Niger). Dans l'Est africain, au Mozambique, l'intervention de l'Union européenne (European Union Training Mission), en soutien des forces nationales contre des groupes djihadistes, semble avoir atteint son objectif.

Le cas de Djibouti est un peu différent dans la mesure où il s'agit d'une position stratégique où la France n'est pas seule, puisque s'y trouvent également des bases américaines, chinoises, allemandes et japonaises. L'enjeu est d'être capable d'assurer la liberté de navigation dans cette région essentielle pour le commerce mondial. En effet, les échanges entre l'Asie, le Moyen-Orient et l'Europe passent par le détroit de Bab-el-Mandeb ou le cap de Bonne-Espérance. À Djibouti, arrive une voie de chemin de fer qui relie l'Éthiopie à la mer, construite par les Français au XIXe siècle. Les Chinois ont électrifié la ligne, ce qui leur permet de superviser la circulation commerciale de l'Éthiopie jusqu'en Chine.

La maîtrise de ces autoroutes des trafics est au centre de nouvelles approches. Nous assistons à des confrontations indirectes entre les grands influenceurs de la région – États-Unis, Europe, Russie et Chine –, qui ne règlent plus les problèmes de sécurité dans le cadre du Conseil de sécurité de l'ONU. Le croisement de l'axe Ouest/Est, qui va du golfe de Guinée à l'océan Indien en suivant la bande terrestre sahélienne, et de l'axe Nord/Sud, empruntant la voie maritime conduisant de l'Asie à l'Europe en passant par la mer Rouge ou le cap de Bonne-Espérance, est une zone vitale. Il s'agit là du lieu de passage des plus gros flux migratoires comme de l'essentiel du commerce vers l'Europe.

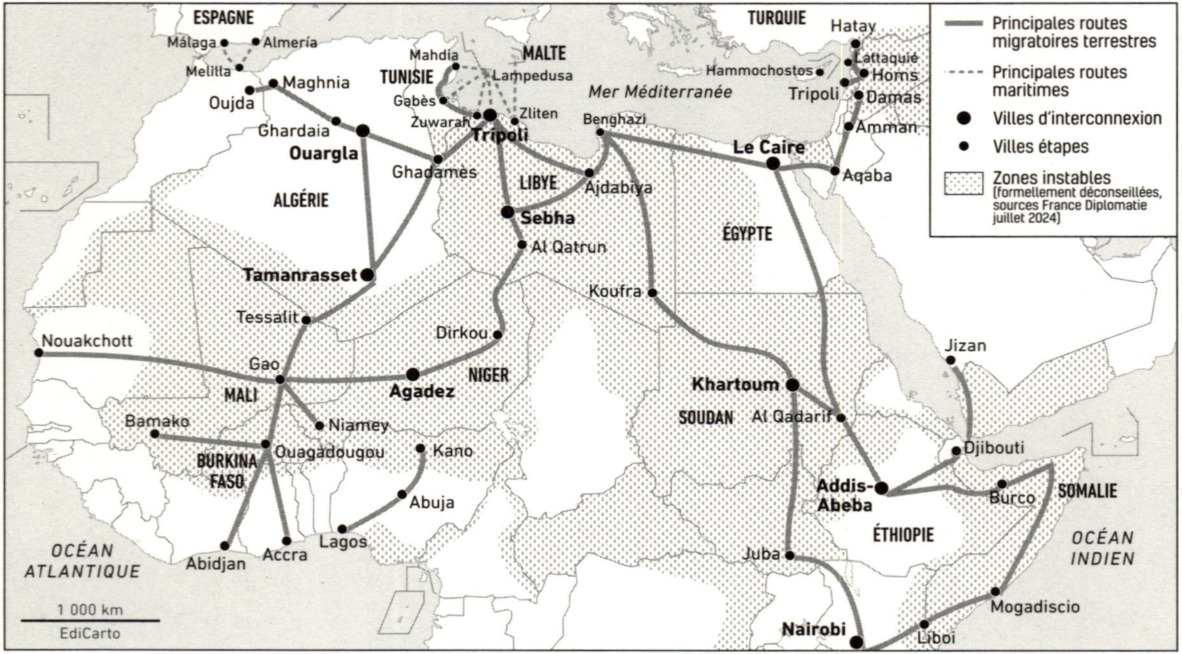

3. Les routes migratoires vers l'Europe

6.

La route de la soie

Une perception de la foule me reste, des décennies après, tellement elle est spécifique à l'Asie, une population dense partout, une énergie singulière… Je me suis rendu en Inde en 1999 lors d'un voyage d'étude avec le Royal College of Defence Studies. La découverte de ce continent fut un choc, aussi bien par la foule omniprésente que par le contraste entre le développement et la misère. Le programme comprenait des visites de sites économiques et culturels mais aussi des lieux plus politiques, comme le Cachemire, cette région montagneuse disputée à la fois par l'Inde, le Pakistan et la Chine. Lors de notre passage à Bangalore (la Silicon Valley indienne), où des milliers de personnes travaillent dans la tech, j'ai découvert des sociétés françaises qui font effectuer leurs calculs dans des structures locales, grâce à des personnels supérieurement qualifiés, mais à des coûts très bas. Par contraste, à Mumbai, vous vous noyez dans une foule misérable. À chaque coin de rue les mendiants côtoient l'opulence.

Le gouvernement, certes élu démocratiquement mais autoritaire, essaie de réduire les inégalités dans ce continent extrêmement peuplé, très développé, dont le système politique est décentralisé mais aussi très dépendant d'une administration centrale, paradoxe auquel s'ajoutent tous les problèmes liés aux affrontements entre musulmans et hindous. C'est certainement « la plus grande démocratie du monde » par le nombre de citoyens. Toutefois, son modèle politique essentiellement fédéral en fait un État cherchant d'abord à se stabiliser. Pour cela, le gouvernement de Narendra Modi[1] prône l'autoritarisme tout en restant démocratique. Le modèle est très différent de celui de la Chine qui, misant sur la centralisation avec un contrôle très fort des populations, cherche absolument à exporter ses produits et développer son partenariat avec l'Europe. L'Inde mise sur la qualité de sa main-d'œuvre. C'est d'ailleurs le seul pays où l'industriel Dassault fait produire des avions de combat et où la Snecma[2] laisse fabriquer des turbines pour hélicoptères. Le niveau d'éducation et de formation des Indiens fait qu'ils sont en capacité de remplir ces missions pointues. Un programme spatial national fait la fierté de ce pays.

---

1. Qui a gagné les élections en 2024 et donc s'est maintenu au pouvoir.

2. La Société nationale d'étude et de construction de moteurs d'avions, devenue Safran Aircraft Engines.

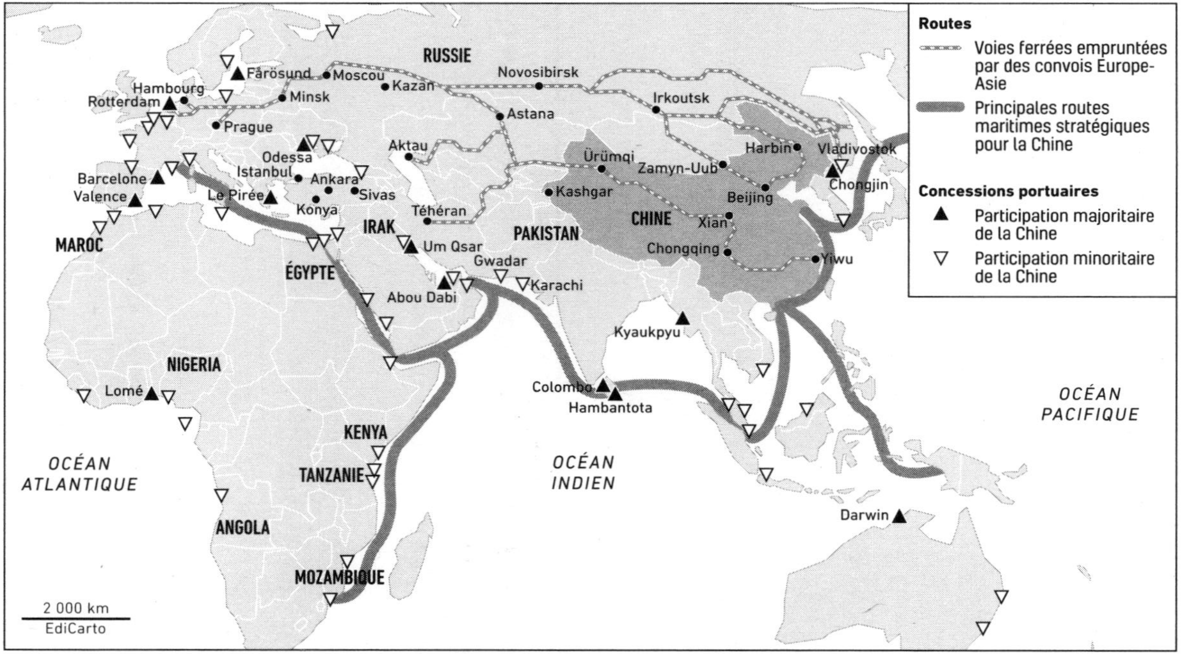

4. Les routes de la soie

Avec l'Inde et la Chine, l'Asie concentre les deux pays les plus peuplés du monde. Chacun représente près d'un milliard et demi d'habitants. Le PIB de la Chine était de près de dix-huit mille milliards de dollars en 2022, celui de l'Inde de trois mille quatre cents milliards, avec une croissance annuelle de 3 % pour la première et de plus de 7 % pour la seconde.

L'Inde se place en compétition économique avec la Chine, mais l'ancienne colonie britannique n'a pas la prétention d'être la première puissance mondiale, alors que la Chine entend disputer ce titre aux États-Unis. La production chinoise représente 35 % de la production industrielle mondiale[1], devant les États-Unis (12 %). Cette surproduction, accentuée par la baisse démographique, pose des problèmes au pays qui a besoin d'accroître ses marchés extérieurs et de sécuriser l'importation des matières premières dont elle ne dispose pas, notamment celles provenant d'Afrique.

Dès son arrivée au pouvoir, le président Xi Jinping a exposé sa vision du « rêve chinois » ou du « grand rajeunissement de la nation chinoise » dont l'objectif

1. Richard Baldwin, « China is the world's sole manufacturing superpower », VoxEU, CEPR, janvier 2024 https://cepr.org/voxeu/columns/china-worlds-sole-manufacturing-superpower-line-sketch-rise.

est une Chine « prospère, forte, démocratique, culturellement avancée et harmonieuse ». Autrement dit, accroître sa puissance nationale en défendant et en assurant sa souveraineté et la sécurité de ses intérêts de par le monde. À cet effet, le président chinois a lancé le concept d'une nouvelle route de la soie, précisément la « ceinture économique de la route de la soie », devenue Belt and Road Initiative. Ce programme gigantesque, qui était présenté comme le « projet du siècle » par le président chinois, vise à aménager de nouvelles voies de communication terrestres et maritimes entre l'Asie et le reste du monde. Il s'agit d'un vaste programme qui développerait les moyens de communication et de transport entre la Chine, l'Asie centrale, l'Europe et une partie de l'Afrique, afin d'augmenter les échanges commerciaux, en facilitant les transferts monétaires. Au-delà des enjeux économiques, le projet présente d'autres intérêts pour la Chine. La nouvelle route de la soie doit permettre à ses dirigeants d'accélérer le développement de régions en retard, et de peser sur la scène internationale. Le tout étant porté au crédit du pouvoir politique en place.

L'opération recouvre la construction de vastes réseaux d'électricité, de transports ou de télécommunications, autour de six routes terrestres et d'un immense réseau portuaire. Les pays concernés représentent 60 % de la population mondiale, répartis sur le continent européen avec la Grèce, l'Italie ou la Géorgie, l'Asie, avec le Tadjikistan, l'Indonésie, l'Inde, les Philippines, le Moyen-Orient avec la Turquie et Oman, et l'Afrique avec l'Éthiopie, le Nigeria et l'Égypte.

Les sommes en jeu sont considérables mais non dévoilées par le pouvoir chinois qui garde la main sur le financement. Les estimations varient de neuf cents à quatre mille milliards de dollars. Car si la Chine a annoncé publiquement ce projet, elle a commencé à le conduire au cas par cas, en soutenant des infrastructures qui ont soulevé des réticences en Europe, à propos notamment de ports méditerranéens comme Gênes, Trieste ou le Pirée. Les opposants à cette route de la soie dénoncent un cheval de Troie chinois qui, *via* l'endettement de pays pauvres, assure sa prééminence politique et économique. Par exemple, le Sri Lanka, dans l'incapacité de rembourser sa dette, a ainsi dû céder le contrôle du port de Hambantota à la Chine.

Ce vaste projet de nouvelle route de la soie n'est pas parvenu à masquer la baisse de la croissance chinoise avant même la crise de la Covid-19. À partir des années 2010, la croissance chinoise a commencé à ralentir, passant sous la barre des 10 % pour arriver à 6 % en 2019 et 3 % aujourd'hui. En cause, la guerre commerciale avec les États-Unis et la faiblesse du marché intérieur chinois. Le surendettement des entreprises et des gouvernements locaux fait également chuter les investissements. Soulignons d'ailleurs que les statistiques sont en outre peu crédibles.

Les routes de la soie n'ont pas pris l'ampleur escomptée par les Chinois. Le projet s'est ralenti pour deux raisons liées à la crise de la Covid-19. Tout d'abord la crise sanitaire a bloqué une partie du commerce entre la Chine et le reste du monde, mais elle a aussi permis à ces autres pays de découvrir qu'ils étaient totalement dépendants des importations chinoises. Le résultat a été un ralentissement très net des importations sur ces routes et la volonté de réimplanter des industries aux États-Unis et en Europe, ce qui diminue d'autant les échanges entre la Chine et ces pays.

Le concept des routes de la soie relevait du monde pré-Covid qui avait vu la Chine rejoindre en 2001 l'OMC (Organisation mondiale du commerce) et devenir « l'usine du monde » qui inondait la planète de ses produits grâce à une gigantesque main-d'œuvre peu coûteuse. L'empire du Milieu était le moteur du commerce entre l'Occident et l'Orient. Sans donner un coup d'arrêt, cette crise a été un premier frein naturel auquel a succédé la crise russo-ukrainienne, qui a amplifié ce mouvement.

Malgré tout, la Chine entend bien préserver ses intérêts et notamment la circulation de ses produits par voie maritime. Pour atteindre ce but, elle a souhaité sécuriser la mer de Chine qui constitue son environnement immédiat, d'autant plus que son économie repose pour beaucoup sur ses échanges maritimes.

Au XIXe siècle, l'empire du Milieu disposait d'un système de tribut payé par les pays riverains. Aujourd'hui, la Chine ne cherche pas à contrôler directement ces pays, mais à entretenir des relations commerciales privilégiées avec eux, tout en revendiquant la maîtrise des flux dans cette zone où circulent 30 % du commerce maritime mondial. Les revendications chinoises en mer de Chine sont la source de beaucoup de tensions entre Pékin et ses voisins, le Vietnam, les Philippines, la Malaisie, le Japon mais aussi les États-Unis, qui estiment y avoir un droit d'accès et de passage. Washington y a accru sa présence et renforcé son appui militaire aux Philippines, au Vietnam et à Taïwan.

Depuis 1949, la Chine revendique la souveraineté de la « ligne en neuf traits », qui délimite une surface représentant plus de 80 % de la mer de Chine[1] et, depuis 2013, « en dix traits », le dernier « trait » incluant Taïwan dans le giron chinois. Cette ligne est tellement importante pour la Chine que ces poin-

1. *Ce qui nous attend*, *op. cit.*

tillés sont représentés sur les passeports de ses ressortissants. Après avoir récupéré Hong Kong en 1997 et Macao en 1999, l'empire du Milieu ne cesse de grignoter du terrain en s'installant sur des îlots, des presqu'îles ou de simples atolls parfois à mille kilomètres des côtes chinoises. Des îles artificielles y sont construites pour recevoir des bases et permettre à des avions, parfois gros-porteurs, d'y atterrir. Les incidents autour du banc Second Thomas en sont une illustration parlante. Pour contrer les incursions chinoises, Manille a fait échouer un vieux bâtiment de guerre sur cet atoll pour le transformer en avant-poste et y a installé des soldats régulièrement ravitaillés par ses navires. La Chine a plusieurs fois bombardé ces navires avec des canons à eau, les accusant de transporter du matériel afin de consolider le bateau échoué et de pérenniser ainsi la présence philippine.

La mer au large des côtes chinoises est peu profonde. La mer de Chine méridionale permet de constituer un bastion en eaux profondes en particulier pour la flotte chinoise qui a été fortement développée. En quatre ans, Pékin a mené la construction d'autant de bateaux qu'il en existe pour toute la marine française. Pour assurer sa sécurité et sa puissance navale, la Chine a besoin d'accéder à la haute mer, verrouillée notamment par le détroit de Malacca.

Une fois sortie de la mer de Chine, la flotte chinoise aura besoin d'un réseau logistique composé de ports capables d'apporter un soutien à ses navires. C'est pourquoi elle s'est installée à Djibouti, près du détroit de Bab-el-Mandeb, mais c'est aussi pour cette raison que la situation du port de Hambantota au Sri Lanka est stratégique, en vertu du principe « civil d'abord, militaire ensuite » prêté à la Chine.

Les États-Unis ont décidé de contrer les ambitions chinoises. De plus, ils se considèrent comme une nation du Pacifique. Ils veulent rester la première puissance mondiale, en menant des actions économiques, politiques et militaires. Pour cela, ils rapatrient certaines productions aux États-Unis. L'Inflation Reduction Act, promulgué en août 2022 et qui mobilise trois cent soixante-neuf milliards de dollars, se traduit par des subventions à la production, l'obligation d'acheter américain, ou des allègements fiscaux qui restreignent les importations chinoises, en ce qui concerne les voitures électriques par exemple. Sur le plan militaire, les États-Unis voient leur liberté d'action diminuée du fait de leur mobilisation autour de l'Ukraine et de la guerre à Gaza. Politiquement, les États-Unis se retrouvent en compétition dans le « Sud global » avec la Russie, désormais alliée à la Chine qui y investit.

En réalité, la compétition mondiale se joue frontalement entre ces deux acteurs majeurs : la Chine et les États-Unis. En mai 2024, les États-Unis ont annoncé la mise en place de droits de douane additionnels portant sur dix-huit milliards de dollars de marchandises chinoises, notamment les voitures électriques, les panneaux solaires et les puces électroniques. De son côté, l'Europe, plus lente, a ouvert des enquêtes sur les subventions aux véhicules électriques fabriqués en Chine, dans les secteurs des énergies renouvelables et des chemins de fer. L'interdépendance économique entre certains pays de l'Union, comme l'Allemagne, et la Chine rend les décisions difficiles, car ils craignent des représailles en retour sur leurs exportations. L'enjeu pour l'Europe est de ne pas se laisser étouffer par l'un ou l'autre, ou les deux. Or, dans l'Union européenne, la tendance est à tirer à hue et à dia, en se tournant vers l'un ou vers l'autre. Nous avons besoin de travailler avec la Chine, en particulier dans les sous-ensembles. L'axe Asie/Europe ne doit pas être délaissé, il est un moteur de notre croissance, même s'il doit être surveillé.

Il faut être attentif au fait que l'Afrique est au centre de la croissance mondiale. La maîtrise de ce continent est nécessaire aux Chinois, pour sécuriser la circulation des matières premières, mais aussi aux

Russes, pour des raisons idéologiques – affaiblir la France et plus globalement l'Occident. L'utilisation de la jeunesse africaine et des flux de migrants, mais aussi de ceux de la drogue venue d'Amérique du Sud, sont des outils pour déstabiliser notre système.

7.

L'Amérique du Sud, les flux mouvants des narcotrafiquants

En 2011, invité à me rendre à Bogota en Colombie, je donnais une conférence à l'école de guerre et dans une université. Ce fut pour moi l'occasion de découvrir ce pays d'Amérique latine en proie à une longue guerre[1] avec les Forces armées révolutionnaires de Colombie (FARC). Mon séjour se situait environ un an après la disparition de Jorge Briceño Suárez, dit Mono Jojoy, abattu par l'armée colombienne lors d'une opération d'envergure. La disparition de ce chef emblématique avait marqué le début du déclin de l'organisation. Après quatre ans de négociations, elle finit par être dissoute. Je suis frappé par la tension permanente qui y règne, pas tant à Bogota que dans les alentours. Lorsque je me rends sur les hauteurs de la ville, il y avait peu encore tenue

1. Un accord est trouvé en 2016 pour mettre fin à plus de cinquante ans d'un conflit qui a probablement causé 250 000 morts, 122 000 disparus et 7,7 millions de déplacés.

par les FARC, j'ai l'occasion d'y rencontrer un Français, otage de la guérilla pendant plusieurs années. Il a vécu enfermé dans un container avec une ampoule allumée en permanence, ce qui lui a fait perdre la notion du temps. Son histoire donne la mesure de la violence qui domine la vie des habitants. Il dirigeait une entreprise assez prospère et gagnait donc beaucoup d'argent, sans pour autant prendre de mesures de sécurité particulières. Un soir, alors qu'il rentrait chez lui, il voit, étendu par terre, un homme apparemment victime d'un accident de cyclomoteur. Il descend de voiture pour aller aider le blessé, lequel se relève, sort son arme et commence à tirer. Le Français remonte aussitôt en voiture et parvient à s'enfuir. Ses amis lui conseillent alors de prendre des mesures de précaution. L'embuscade signifie qu'il a été repéré comme une cible à cause de ses revenus. Il lui faut désormais un garde du corps et un chauffeur. Ce qu'il met en place. Un peu plus tard, alors qu'il doit aller chercher la paie, le garde du corps est malade. Il décide d'effectuer le trajet avec uniquement le chauffeur. À un feu rouge, un motard se porte à la hauteur du conducteur et lui tire une balle dans la tête. Un autre tueur colle son pistolet sur la tempe du Français : « Maintenant, tu meurs, ou tu viens avec nous. » Il passera trois années dans un container, coupé de tout. Une captivité entrecoupée de simulacres d'exécution pour lui soutirer des informations. Un jour, alors qu'il est sous la surveillance de femmes, il les voit s'éloigner. Il est entravé par des chaînes, mais prend les jambes à son cou, et se sauve. Il finit par arrêter un camion et parvient jusqu'à un commissariat de police. On lui donne un annuaire qui lui permet de contacter des amis qui le croyaient mort. Il retrouve sa femme et ses enfants, mais se rend compte qu'il ne possède plus rien. Tout a été vendu. Il va voir son notaire qui lui explique que l'acte de vente porte sa signature. Comme il s'indigne en indiquant au notaire qu'il devait bien savoir qu'il n'avait rien signé, celui-ci lui répond, impuissant : « Je n'avais pas le choix. » Il n'y avait eu aucune demande de rançon, tout son argent et ses biens se sont juste volatilisés, engloutis dans les poches des FARC. Il apprendra plus tard qu'une des secrétaires qu'il avait embauchées appartenait au mouvement. Elle avait monté tout le dossier destiné à l'enlever et à le spolier de tous ses biens. Il en tremblait encore en me racontant son histoire. Cet homme se demandera toute son existence pourquoi il a eu la vie sauve, pourquoi ces femmes l'ont laissé s'échapper finalement. Il est reparti de zéro et a monté un modeste restaurant, avec un petit élevage de chèvres. Il est en survie permanente. Il fait en sorte de ne surtout pas gagner trop d'argent, pour ne pas attirer l'attention. Il veut être aussi discret qu'un passe-muraille. Il n'est pas mort, mais il est habité par le sentiment que cela peut lui arriver demain. Son seul souhait est d'envoyer ses filles étudier en France à l'abri de ces pressions. Et, effectivement, les personnes que j'ai côtoyées me disaient toutes : « Tous les jours, il y a des morts, tous les jours. » La violence extrême est donc une pression quotidienne, omniprésente.

La Colombie et le Pérou concentrent 90 % de la production mondiale de feuilles de coca. Selon les estimations de l'ONUDC[1], à elle seule, la Colombie produit quasiment les deux tiers (230 000 ha) de cette production, largement devant le Pérou (95 000 ha) et la Bolivie (30 000 ha). La consommation en Amérique latine est importante avec 6,6 millions de consommateurs, mais la majeure partie de la cocaïne issue du nord-ouest de ce continent est vendue en Europe (5,2 millions de consommateurs) et en Amérique du Nord (4,8 millions), ce qui représente près de la moitié des exportations. L'Asie comme l'Afrique n'en représentent chacune que 10 %. Il n'est donc pas faux de dire que, dans ce commerce illicite et destructeur de la cocaïne, la production est au sud, et les consommateurs sont au nord. Ce qui pose la question des conséquences de ces flux illégaux pour la sécurité mondiale.

Une production locale, ancienne et lucrative

Les spécialistes ne sont pas tous d'accord pour dire que les FARC ont exploité le trafic de cocaïne, au minimum en prélevant une taxe sur les producteurs. Le fait est que la culture de la feuille de coca

1. Office des Nations unies contre la drogue.

par les paysans colombiens se situe dans la zone que le mouvement contrôlait. La DEA[1] américaine ainsi que les autorités colombiennes ont accusé l'organisation d'entretenir des liens avec les narcotrafiquants en leur fournissant une aide logistique et une protection armée. Le département du Guaviare, qui représente plus de cinquante mille hectares abrités par la forêt amazonienne, aurait été ainsi été placé sous la coupe des FARC.

D'autres chercheurs contestent ces liens. Il n'en demeure pas moins que l'éradication de la culture de la coca n'a pas été un objectif revendiqué par un mouvement qui s'est illustré par des pratiques proches de celles des narcotrafiquants, du vol à l'escroquerie, en passant par la prise d'otage et les exécutions sommaires.

La culture de la coca, l'arbuste dont les feuilles permettent de produire la cocaïne, relève d'une agriculture ancestrale en Amérique du Sud. Les coureurs incas, les chasquis qui sillonnaient l'Empire, mâchaient ces feuilles contenant des alcaloïdes pour tenir le rythme en haute altitude. Avec le développement du trafic de cocaïne, la culture de la feuille de coca s'est imposée comme une source de revenus pour ces paysans pauvres, même si elle est interdite.

1. Drug Enforcement Administration.

Lors de mon séjour en Colombie, j'ai été frappé par la considérable présence des Américains auprès des forces militaires colombiennes. Les deux pays avaient signé un plan de lutte contre la culture de la feuille de coca, le plan Colombie (2000-2015), qui s'est traduit par plus de dix milliards de dollars d'aide militaire. Il a marqué les esprits avec l'épandage de glyphosate par des avions survolant les zones de culture difficiles à atteindre. Mais, dans l'épaisseur de la jungle amazonienne, il est facile de dissimuler les parcelles où sont cultivés les arbustes fournissant les feuilles de coca et même les laboratoires artisanaux. Un survol en hélicoptère ne permet pas toujours de repérer ces installations.

En 2016 cependant, après quatre années de négociations à Cuba, les FARC et le gouvernement colombien ont mis un terme à un conflit qui durait depuis plus de cinquante ans. Mais l'État colombien ne parvient pas à rétablir l'ordre dans toutes les zones auparavant aux mains des guérilleros, des narcotrafiquants et des milices paramilitaires. Malgré un plan de substitution des cultures illicites, les trafiquants gardent la main. Parmi les guérilleros qui faisaient régner l'ordre nécessaire à leurs intérêts dans ces terres éloignées, certains ont continué à le faire au bénéfice non plus de la révolution mais des barons de la cocaïne. L'une des factions des FARC ayant fait dissidence après l'accord de 2016 s'est ainsi transformée en productrice de cocaïne pour fournir un important cartel mexicain. Les FARC disparues, les groupes armés issus de leurs rangs, ou des paramilitaires qui leur disputaient leur territoire, se sont reconvertis dans cette activité lucrative. Les surfaces cultivées, qui avaient diminué au cours des trois années suivant l'accord de 2016, ont fait un bond de 61 % entre 2020 et 2022, selon le rapport de l'ONUDC[1]. Chaque petit paysan a la capacité de cultiver ses arbustes et de cueillir les feuilles de coca. Il les réduit ensuite en poudre grâce à une simple broyeuse avant de les transformer progressivement en cocaïne dans un laboratoire de fortune, par l'ajout de ciment, d'acide ou d'essence, selon un protocole facile à suivre. Ensuite, il n'a plus qu'à remettre sa production à des intermédiaires qui, par avion depuis des pistes clandestines construites dans la forêt, ou encore plus discrètement par voie fluviale, les conduira au nord du pays vers l'océan Atlantique ou plus à l'ouest vers l'océan Pacifique. Le processus de récolte et de fabrication est simple. Il est à la portée de n'importe quel paysan sud-américain une fois qu'il s'est rendu compte que cette culture lui

1. ONUDC, Rapport mondial sur les drogues, 2023 ; ONUDC.org.

offre des revenus qu'aucune autre ne peut égaler. La production est telle qu'elle dépasse la capacité d'exportation des trafiquants. L'accroissement des stocks conduit à la baisse des prix et par conséquent à une augmentation de la consommation, qui explose aux États-Unis et en Europe.

Une consommation à portée de smartphone en Europe

Le problème majeur, c'est le consommateur. C'est lui qui crée la demande et par conséquent la production accrue dans cette zone de l'Amérique latine.

Le rapport de l'ONUDC publié en 2023 est sans appel. L'offre mondiale de cocaïne a bondi de 35 % entre 2020 et 2021. Par ricochet, la consommation entraîne des intoxications et des complications médicales plus nombreuses, ces dernières ayant été multipliées par six entre 2010 et 2016. Au niveau mondial, plus de deux cent quatre-vingt-seize millions de personnes ont consommé des drogues en 2021. Une augmentation de 23 % par rapport à la décennie précédente.

La plus forte consommation de drogue dans le monde est celle du cannabis avec deux cent dix-neuf millions d'usagers, mais la part de la cocaïne augmente et atteint vingt-deux millions de personnes.

Néanmoins, le rapport de l'ONUDC note que les interceptions de cargaison de cocaïne ont également augmenté. Les saisies ont atteint un niveau record de près de deux mille tonnes en 2021. En France, vingt-six tonnes et demie ont été saisies la même année. Un record pour la police française.

Ce trafic de substances illicites représente au minimum trois milliards et demi d'euros par an, selon le ministère de l'Économie. Mais il devrait plutôt être évalué autour de six milliards d'euros. C'est le marché criminel le plus important en France selon la commission d'enquête du Sénat en 2024[1]. D'après l'Ofast (Office anti-stupéfiants), deux cent quarante mille personnes en vivent, directement ou indirectement, dont vingt et un mille à temps plein. Il y aurait trois mille points de deal dans le pays. Une procédure de vente désormais concurrencée par le développement du service à domicile. Il suffit de passer commande *via* une messagerie cryptée. Le système met le consommateur à l'abri, puisqu'il ne sort pas de chez lui. Les acheteurs n'ont plus à se frotter à un dealer dans un quartier peu sécurisé, ils n'ont affaire qu'à un coursier et à une messagerie anonyme.

1. Rapport de la commission d'enquête du Sénat sur l'impact du narcotrafic en France et les mesures à prendre pour y remédier, mai 2024, consultable sur senat.fr.

Ce sentiment de se tenir loin du trafic aurait permis à certains de franchir le pas. Les livreurs, eux, ne transportent que des petites quantités. Ils ont recours à tous les moyens de transport possibles et sont plus difficilement repérables par la police. S'ils sont arrêtés avec cette petite quantité de drogue sur eux, ils peuvent prétendre qu'ils sont de simples consommateurs. Ce « commerce » gangrène le pays tout entier et développe ses marchés au-delà des grandes villes, dans les villes moyennes et le monde rural. Une expansion qui ne va pas sans guerres de rivalité et sans victimes. Un record a été battu en 2023 avec trois cent quinze faits d'homicides liés au narcotrafic, en tenant compte des tentatives. C'est 60 % de plus que l'année précédente. Les victimes de ces règlements de comptes, commis parfois par des mineurs, sont eux aussi dans certains cas des mineurs. Ces actions violentes touchent également des jeunes qui n'ont rien à voir avec ces trafics. Se souvient-on de cette étudiante de vingt-quatre ans, tuée par une balle perdue, dans sa chambre, à Marseille, alors qu'elle travaillait ses cours de droit ? Deux individus à moto avaient tiré en direction d'une pharmacie, puis en l'air pour signaler leur détermination. Des tirs d'intimidation dans le cadre du trafic de drogue. Six mois plus tard, un suspect est arrêté et mis en examen pour assassinat. Il a alors seize ans. Combien de familles ont-elles été directement détruites ou déstructurées par le trafic de drogue ? Combien d'autres dans le monde ? La chef de l'Ofast a adressé cette remarque aux consommateurs lors de son audition au Sénat : « Pensez à une mère de famille qui prend un avion avec ses deux enfants mineurs chargés de cocaïne *in corpore.* » C'est-à-dire une mère réduite à faire ingurgiter des boulettes de drogue à ses enfants pour apporter en Europe la cocaïne que certains veulent croire récréative. Les trafiquants s'adaptent à toutes les situations.

Car, une fois que les paysans sud-américains ont découvert que leur produit local pouvait bénéficier d'une forte plus-value, une fois que les trafiquants ont découvert la plus-value apportée par sa commercialisation, il leur faut trouver des moyens de le faire arriver sur les lieux de consommation en conservant une marge financière importante.

Les routes adaptables des narcotrafiquants

De la même façon que les États-Unis ont essayé de tarir la source de la cocaïne en Colombie, la France s'efforce de protéger les Antilles et la Guyane de cette emprise. Située sur la façade atlantique de l'Amérique latine, limitrophe de la Guyane, l'ancienne colonie du Suriname fait partie des plaques tournantes de ce trafic. Le pays n'est pas producteur, mais depuis ses ports, la marchandise peut s'écouler vers les Caraïbes ou les États-Unis ainsi que vers l'Afrique, autre point d'entrée vers l'Europe par le golfe de Guinée. Les forces françaises coopèrent avec les forces néerlandaises pour déjouer l'acheminement de la cocaïne. Car les narcotrafiquants diversifient les axes de transport. Depuis les années 2015, des passeurs, des « mules », prennent l'avion sur des lignes régulières à Cayenne en direction de la France ou des Pays-Bas. Certaines mules sont parfois uniquement destinées – sans le savoir – à être arrêtées pour permettre à d'autres de franchir les contrôles.

Par voie maritime, les narcotrafiquants ont recours aux mêmes procédés en utilisant les transports commerciaux traditionnels pour y faire passer leurs marchandises dissimulées dans des containers, grâce à des complicités acquises par la corruption ou la violence. Plus le volume des échanges augmente, plus les trafiquants s'y greffent. Le port du Havre déchargeait 1,5 million de containers en 2004. En 2022, leur nombre a dépassé les 3 millions. Mais 10,5 tonnes de drogue y ont été saisies en 2022, trois fois plus qu'en 2019.

En 2022, près de 160 tonnes ont été saisies dans les ports néerlandais, dont 110 à Anvers. La consommation annuelle de cocaïne en France est de 26 tonnes, ce qui signifie que la drogue parvenue aux Pays-Bas est destinée à fournir d'autres pays européens. Ces narcotrafiquants font régner la terreur, n'hésitant pas à faire assassiner quiconque se dresse sur leur chemin. Même le Premier ministre néerlandais a été menacé par ces organisations criminelles.

Les routes maritimes ou aériennes évoluent très rapidement en fonction des actions de police auxquelles elles se heurtent. Et elles s'y heurtent. En mai 2024, 1,8 tonne de cocaïne a été saisie en Guyane à destination du Havre. En janvier de la même année, la marine colombienne avait capturé un petit sous-marin. Long de quinze mètres, le submersible transportait 795 kg de cocaïne. Ces flux font preuve d'une très grande inventivité et souplesse. Les trafiquants ont la capacité de les reconfigurer en permanence. Quand une voie est empêchée et devient moins rentable, une autre est empruntée, quitte à investir dans un pays, y introduire la plus grande violence et défier l'État uniquement pour mieux écouler la marchandise illégale. C'est ce dont souffre l'Équateur. En janvier 2024, les narcotrafiquants avaient envoyé des hommes armés prendre en otage une émission de télévision en plein direct pour démontrer leur puissance. Les treize assaillants sont arrêtés au bout d'un quart d'heure. Ils ont entre seize et vingt-cinq ans.

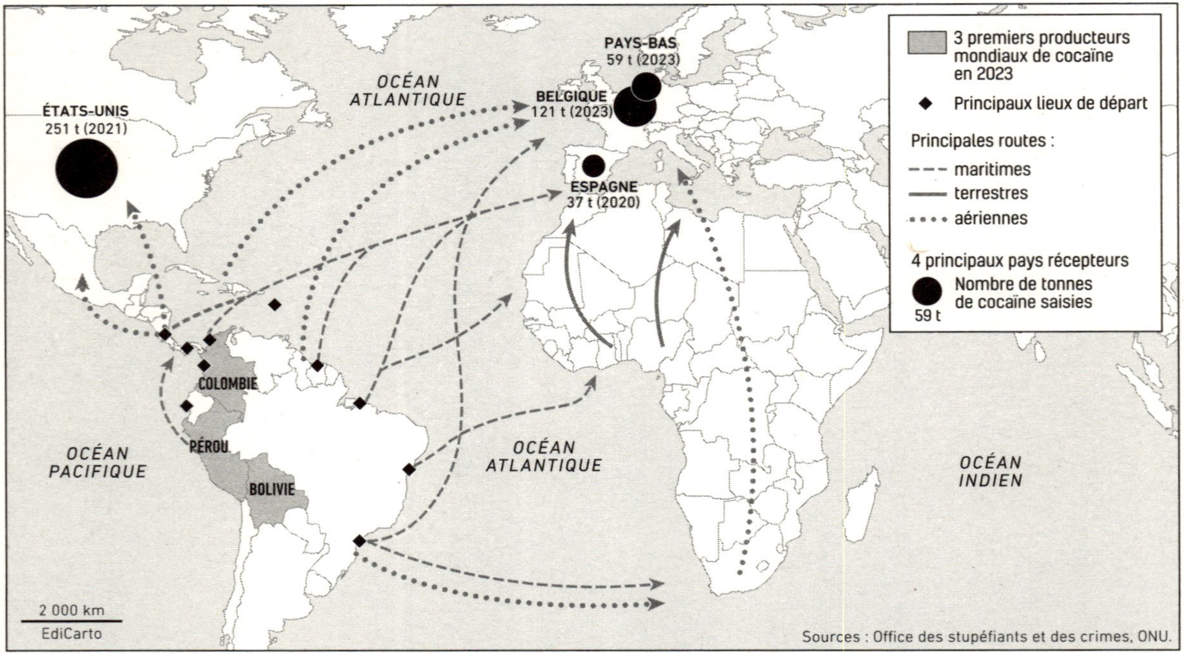

5. Les routes du trafic de cocaïne

Mais le procureur chargé de déterminer quel gang de narcotrafiquants a mené cet assaut est assassiné une semaine plus tard.

Les trafiquants, qui ne sont plus colombiens mais mexicains ou albanais, organisent la mobilité de leur trafic en fonction de leurs besoins. Coincé entre la Colombie et le Pérou, disposant de vingt-huit ports tournés vers le Pacifique Sud dans l'estuaire du Guayaquil, l'Équateur est devenu une plateforme de distribution mondiale. Soixante-dix pour cent de la cocaïne acheminée en Europe proviendraient de ce pays, dont 80 % de Guayaquil. L'Équateur était pourtant le deuxième pays le plus sûr d'Amérique latine en 2016, avec un taux de 5 homicides pour 100 000 habitants. Il est devenu l'un des cinq pays les plus dangereux du monde avec un taux de 43 homicides pour 100 000 habitants. En 2023, ce pays de 18 millions d'habitants a comptabilisé 7 800 homicides.

La croissance du narcotrafic maritime se mesure en France à la découverte de plus en plus fréquente de ballots de cocaïne sur nos côtes. Pour la première fois, l'Ofast les a répertoriés pour arriver au chiffre de trente-six découvertes en 2023, de la pointe de la Bretagne jusqu'au Pas-de-Calais. Début juillet, il avait fallu fermer une plage en Seine-Maritime. Au début de l'année 2023, ce sont des sacs de sport attachés à des gilets de sauvetage qui ont été retrouvés sur la côte du Cotentin. Plus de deux tonnes de cocaïne ont été récupérées par les forces de l'ordre, ce qui représente environ 7 % des saisies de cocaïne effectuées en France en 2022.

Les narcotrafiquants ont pris pied en France. Le phénomène a conduit à une commission d'enquête au Sénat sur l'impact du narcotrafic en France et les mesures à prendre pour y remédier[1]. Le rapport souligne un phénomène à prendre en considération, « l'émergence [...] de la corruption des agents publics et privés ». Les trafiquants ont besoin de complicités pour récupérer leurs cargaisons dans les ports d'arrivée. Cette forme de « coopération » s'obtient de gré ou de force. En 2020, trois hommes cagoulés ont déposé le corps d'un docker du Havre sur le parking d'une école à Montivilliers. L'homme avait été enlevé la veille au soir, séquestré et battu à mort. Les auteurs du crime ont été reconnus coupables d'association de malfaiteurs en vue de commettre un crime ou un délit et condamnés. Une vingtaine de dockers du Havre auraient été enlevés et menacés ces dernières années. Le trafic de drogue, compte tenu de la manne financière qui y est associée, est un vecteur de violence sans équivalent.

1. *Ibid.*

En outre, si les marchandises voyagent selon des circuits sans cesse modifiés, les trafiquants aussi. Un rapport du Sénat l'explique très bien. « Le trafic d'aujourd'hui est fait de connexions horizontales autant que d'affiliations verticales. Les trafiquants voyagent pour régler leurs affaires, pour trouver de nouvelles opportunités, mais aussi pour échapper à la justice de leur pays – et à leurs concurrents. C'est le phénomène particulièrement préoccupant des pays “refuges”, au premier rang desquels figure l'émirat de Dubaï. »

Entre la consommation, qui s'étend de plus en plus à des catégories sociales jusque-là épargnées, et l'organisation sur plusieurs continents de groupes mafieux aux moyens financiers considérables, ce dossier devient un sujet de première importance. La voie dite « des Balkans », tenue par les Albanais, a été délaissée par ces trafiquants qui se sont installés en Amérique latine et regardent maintenant l'Europe comme un marché à maîtriser.

Tout n'est pas à copier sur les États-Unis, mais compte tenu de leur avance dans le domaine de la lutte contre les trafics de drogue, l'exemple d'une agence comme la DEA est probablement à prendre en compte. Elle couvre tous les secteurs : la surveillance des ports, la surveillance des personnes, la protection des personnes et la poursuite des acteurs du trafic. Les Américains utilisent aussi le système des repentis qui leur permet d'obtenir énormément d'informations. Nous devons absolument participer au contrôle de ces flux de drogues qui constituent une menace très sérieuse pour l'équilibre de notre société. Naturellement, comme souvent, le contrôle commence par la vigilance domestique. Il n'y a pas de drogue « légère », les trafiquants poussent toujours vers des produits plus forts, donc plus chers ! Les consommateurs ne sont pour l'instant pas poursuivis. Leur responsabilité dans l'extension des trafics, et donc de la déstabilisation de quartiers entiers, devrait conduire à revoir ce sujet.

8.

La route des pirates (Asie-Europe)

En 2011, alors que je lance un programme d'équipement pour des contingents participant aux opérations de paix de l'ONU, je me rends à Djibouti qui a des besoins dans ce domaine. Quelques années plus tard, j'irai en Éthiopie travailler sur le même sujet. En me rendant ainsi dans la Corne de l'Afrique, je mesure toute la spécificité de cette région. L'Éthiopie en particulier, gigantesque pays où les ethnies et les religions cohabitent dans une confusion difficile à comprendre pour un étranger. Grand pays à l'histoire singulière, seul pays d'Afrique à n'avoir jamais été colonisé, fier de cette particularité, berceau de l'humanité, royaume de la reine de Saba, qui a connu la splendeur du Négus avant de plonger dans l'horreur de la dictature de Mengistu. Aujourd'hui fort de ses plus de cent millions d'habitants, il est devenu un relais pour l'industrie chinoise. Alors qu'au XIXe siècle la France y avait construit le chemin de fer qui relie la capitale Addis-Abeba à Djibouti, aujourd'hui c'est la Chine qui l'a électrifié. À Djibouti, dernière colonie française en Afrique à accéder à l'indépendance (1977), une grande base française est maintenue, à laquelle se joignent une base américaine et une chinoise. Au large de ce port, le trafic maritime venant du Golfe ou d'Asie s'engage dans la mer Rouge ou continue vers le cap de Bonne-Espérance. Voyant ces bateaux passer, je ne peux m'empêcher de penser au *Pasteur* qui ramena en 1952 mon père, alors jeune lieutenant, après deux ans d'opération en Indochine et, en 1954, mon oncle l'abbé Michel Trinquand, après Dien Bien Phu[1]. En face, le Yémen, en guerre permanente, et le long de la côte, la Somalie, d'où proviennent les pirates menaçant les bateaux qui s'aventurent trop près. Décidément les aventures d'Henry de Monfreid sont toujours très présentes à mon esprit. Sa figure de marin aventurier et mystérieux a même inspiré le personnage du navigateur qui recueille Tintin, balancé à la mer par un trafiquant de drogue en mer Rouge, dans *Les Cigares du pharaon*. Le pays s'appelait alors côte française des Somalis, ou Somalie française, avant de devenir le territoire français des Afars et des Issas, puis république de Djibouti lorsque le pays accède à l'indépendance. C'est donc ici que la plus grande base française a été maintenue. Ses effectifs ont diminué lorsqu'une nouvelle base a été ouverte aux Émirats arabes unis en 2009. La France est ainsi toujours présente dans ces endroits stratégiques que sont le détroit de Bab-el-Mandeb et le golfe Persique.

---

1. Michel Trinquand, « À Dien Bien Phu, nous étions cinq aumôniers », *Ecclesia*, n° 190, janvier 1965.

Le Yémen a été unifié en 1990 à la suite de la chute du mur de Berlin et de la fin de la guerre froide. La séparation entre le Yémen du Nord et celui du Sud est cependant bien antérieure. Le Yémen du Nord, dirigé par une monarchie, devient la République arabe du Yémen en 1962. Celui du Sud, ancienne colonie britannique, devient en 1967 la République populaire du Yémen pro-soviétique sous le regard inquiet des monarchies du Golfe. Réuni en 1990, le pays reste marqué par cet antagonisme qui conduit à une guerre en 2014. L'Arabie saoudite soutient le Yémen du Sud et s'oppose aux Houthis[1] très ancrés au Nord, soutenus par l'Iran. Cette guerre par procuration reste cantonnée à l'intérieur du pays. Elle ne resurgit dans les médias internationaux qu'à l'occasion des enlèvements de touristes par les tribus qui ont recours à ce moyen de pression pour faire entendre leurs revendications et améliorer leurs finances. Ces enlèvements étaient, à une époque, tellement nombreux qu'il existait des spécialistes dont la fonction était d'aller libérer les touristes français pris en otage. Le piratage n'est pas le sujet au Yémen, mais l'affaire des Somaliens.

La Somalie est un État constamment en guerre civile. L'instabilité gouvernementale est un mal chronique qui

1. Organisation politique et théologique liée à l'islamisme chiite et à l'Iran.

appauvrit ce pays exposé au terrorisme. Même l'intervention américaine en 1992 sous mandat de l'ONU est un échec[1] et l'opération a dû se retirer en 1994. Il faut toutefois noter que c'est à cette occasion que l'expression « ingérence humanitaire » est utilisée.

La piraterie somalienne a commencé en 2005. Des pêcheurs se sont mis à attaquer les bateaux de pêche venus d'autres pays, puis ils sont passés au pillage et aux enlèvements en mer. Leur motivation était avant tout économique, même s'ils la justifiaient en se présentant comme les gardiens du littoral somalien face aux chalutiers occidentaux. Ils ont fait de ces actes de piratage un véritable commerce. D'après la Banque mondiale, le montant des rançons versées après le détournement d'environ 179 bateaux entre 2005 et 2012 est estimé entre 339 et 413 millions de dollars, ce qui pénalise alors grandement le transport maritime. En réaction, la France a initié l'opération Atalanta, mise en œuvre par l'Union européenne afin de lutter contre l'insécurité dans le golfe d'Aden et l'océan Indien. Elle s'est déployée à partir de 2008 et sa coordination avec une action de l'Otan (Ocean Shield) a permis d'assécher la piraterie venue de Somalie en 2012. L'opération de l'Otan se termine en 2016

1. Cela sera souligné dans le film de Ridley Scott, *La Chute du faucon noir* (2001).

alors que l'UE, plus prudente, prolonge Atalanta en s'appuyant sur la base de Djibouti. Cela permettra de répondre rapidement à une résurgence de la piraterie en 2024.

En effet, mis à part l'attaque d'un pétrolier en 2017 qui n'avait duré que quelques jours, la piraterie somalienne semblait ne plus devoir gêner les flux maritimes commerciaux vers la mer Rouge.

Mais, à la surprise générale, les Houthis ont repris ce modèle pour des motifs non plus économiques mais politiques, après la riposte israélienne à Gaza à la suite du massacre du 7 octobre. Ils n'avaient jamais attaqué de bateaux auparavant, préoccupés par leurs différends internes. En octobre 2024, ils annoncent leur soutien aux Palestiniens, probablement poussés par l'Iran qui soutient le Hamas à Gaza. Ils visent les navires israéliens, et les bateaux de ceux qu'ils accusent de les soutenir, essentiellement américains et britanniques. Les Houthis se réclament de « l'axe de la résistance » au sein duquel ils voisinent avec l'Iran, le Hamas à Gaza, le Hezbollah du Liban et le régime syrien de Bachar el-Assad. En effet, le « croissant chiite » est issu d'une continuité de l'Iran au Liban, en passant par l'Irak et la Syrie. Le Yémen, au sud de la péninsule Arabique, ne s'inscrit pas dans cette continuité géographique, mais les Houthis sont d'obédience chiite. Le Hamas est pourtant sunnite, issu des

Frères musulmans, mais ils s'entendent contre Israël, en vertu du vieil adage selon lequel « les ennemis de mes ennemis sont mes amis ».

La géographie est tout à fait favorable à ces attaques houthis. Le détroit de Bab-el-Mandeb se referme le long de leurs côtes, obligeant les bateaux à ralentir. Ils deviennent des cibles faciles pour les missiles de croisière ou balistiques, d'une portée de quatre-vingts à trois cents kilomètres, les drones et les navires de surface yéménites. La mer Rouge ne dépasse pas trois cent cinquante-cinq kilomètres en son point le plus large, et vingt-sept kilomètres dans le détroit de Bab-el-Mandeb.

Ces attaques ont généré des retards dans les livraisons pour des compagnies maritimes comme CMA-CGM et Maersk. En conséquence, plutôt que de se faire détruire, plusieurs d'entre elles ont modifié leur route, quitte à rallonger le trajet. Pour relier Taïwan aux Pays-Bas, il faut vingt-cinq jours à un cargo empruntant le canal de Suez, mais trente-quatre jours s'il passe par le cap de Bonne-Espérance. Cependant, ce détour permet non seulement d'éviter les attaques, mais également les surprimes d'assurance qui ont augmenté de 300 %. Le calcul des armateurs est vite fait. En 2022, plus de vingt-deux mille bateaux avaient emprunté le canal de Suez. D'après les autorités égyptiennes, 61 % de la flotte mondiale actuelle de pétroliers, 92 % des navires de marchandises en vrac, et 100 % des porte-containers, des transporteurs de véhicules et des navires de marchandises diverses, empruntaient cette route. Mais depuis les attaques houthis, les recettes du canal reculent. Alors qu'il avait rapporté 8,6 milliards d'euros sur l'année fiscale 2022-2023, en février de l'année suivante, les rentrées en devises ont chuté de 40 à 50 %. Cette situation est une catastrophe pour l'Égypte, cet acteur majeur de la région où le canal constitue l'une des principales sources de revenus. Le pays des pharaons a toujours adopté une position de stabilité indispensable à l'équilibre du Moyen-Orient. Qu'en serait-il en cas de crise économique grave ?

En décembre 2023, les États-Unis ont lancé avec les Britanniques une force multinationale de protection maritime en mer Rouge, Prosperity Guardian, qui vise à détruire les bases houthies au Yémen. Mais l'expérience a démontré que des années de frappes aériennes de l'Arabie saoudite sur ces mêmes bases n'avaient pas permis de vaincre les Houthis. Le résultat de l'opération américaine est similaire.

Les Européens ont adopté une approche différente en montant l'opération Aspides. L'objectif est d'escorter les bateaux pour permettre la liberté de navigation, en détruisant au besoin les drones et les missiles lancés par les Houthis. Quatre frégates de l'opération, originaires de Grèce, d'Allemagne, de France et d'Italie, patrouillent dans une très vaste zone, qui couvre la mer Rouge et le détroit de Bab-el-Mandeb. Elle rejoint l'opération Atalanta au large de la Somalie, et se prolonge jusqu'au détroit d'Ormuz et dans le golfe Persique par une autre opération européenne, Agenor, commandée à partir de la base française d'Abu Dhabi. Selon une première estimation, en avril 2024, soixante-dix-neuf navires ont été protégés, dont aucun n'a été victime d'attaque. Les forces européennes ont neutralisé neuf drones, un navire de surface sans pilote et quatre missiles balistiques. Cette opération semble donc efficace et permet de ne pas entrer dans une escalade qui n'est ni souhaitée ni souhaitable.

Les moyens déployés par l'Europe sont à la hauteur des enjeux commerciaux de ces routes maritimes. En effet, elle est dépendante de ces routes par lesquelles transitent des ressources énergétiques et des produits manufacturés dont son économie a un besoin vital. Ces moyens de protection et de défense reposent sur les bases terrestres françaises à Djibouti et Abu Dhabi, et sur une flotte qui est capable d'exercer cette mission.

Sachant que cette route maritime est empruntée par la Chine, la position de l'Europe pourrait être appuyée par Pékin pour peser sur l'Iran, commanditaire des Houthis.

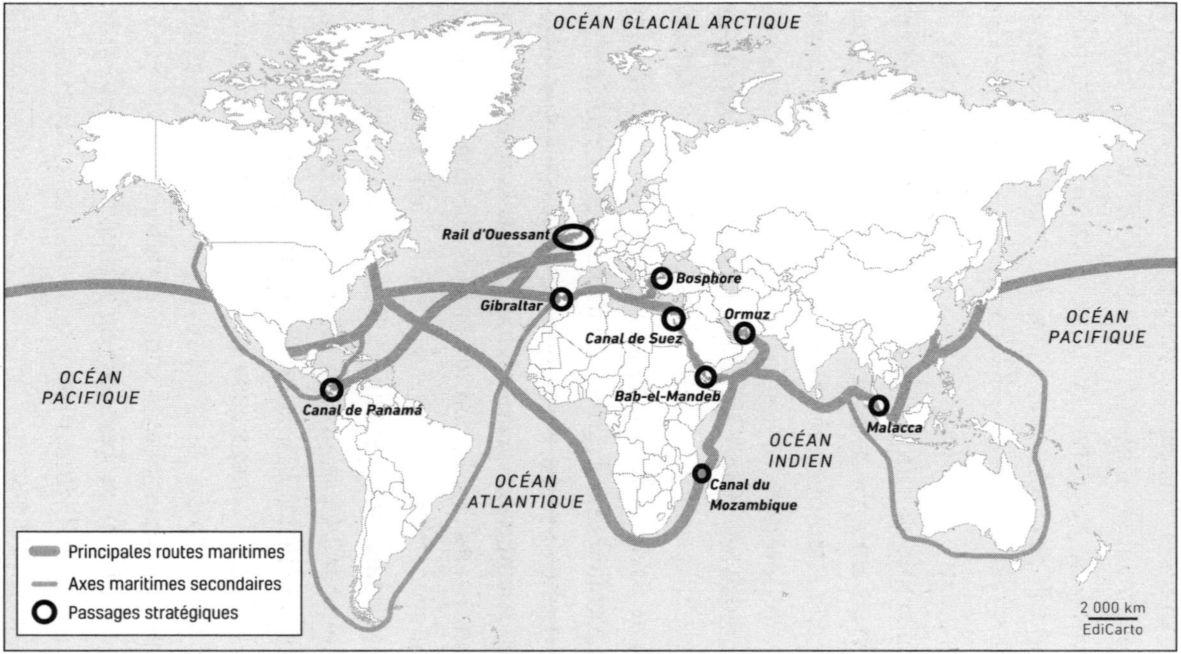

6. Les voies maritimes

L'objectif, différent de celui des Américains, vise à assurer la liberté de naviguer et non la destruction de l'appareil militaire houthi. C'est un message très important de l'Europe. Par ailleurs, même si la France pouvait assurer un leadership évident du fait de son implantation dans la région, elle a eu la sagesse de bâtir une opération réellement européenne avec un commandement partagé entre les Grecs et les Italiens. Trois points essentiels ont ainsi été démontrés : l'Europe peut agir pour ses intérêts propres, elle a la capacité de le faire, son approche se distingue du *modus operandi* américain. Nos motivations ne sont pas les mêmes que celles des États-Unis. En effet, les Américains se positionnent en appui des Israéliens car leur trafic ne passe pas par cette route. Alors que le trafic qui emprunte cette voie intéresse au premier chef l'Europe, puisqu'il rejoint la Méditerranée. La décision des armateurs de passer par le sud de l'Afrique, avec le surcoût du transport, pèse sur l'économie européenne. Il faut donc que l'Europe ait la capacité de défendre les flux maritimes qui l'intéressent. Quand ses intérêts économiques sont directement concernés, elle ne peut pas s'en remettre aux Américains, d'autant plus quand les modes d'action diffèrent.

Dans ce domaine, un petit rappel historique est nécessaire. Le canal de Suez avait été conçu sous Napoléon III par un Français, Ferdinand de Lesseps, et financé par les actionnaires français pour permettre de raccourcir la route de l'Asie. Lorsqu'en 1956, le président Nasser en Égypte décida de nationaliser le canal de Suez, il se rapprochait de l'URSS. Une intervention fut menée conjointement par les Français et les Anglais, mais sans l'accord des Américains. Ceux-ci ne voulaient surtout pas aller plus loin par crainte de représailles de la part de Moscou en soutien à l'Égypte. L'opération a donc été stoppée, et les actionnaires français y ont perdu leurs économies. Sur le plan diplomatique, cela a eu deux conséquences. Les Britanniques en ont conclu qu'il ne fallait jamais agir sans les Américains ; les Français qu'il valait mieux savoir faire sans les Américains, même s'ils demeurent évidemment nos alliés. Il est probable que ces conclusions puis l'arrivée du général de Gaulle[1] à la tête de l'État sont les racines de la position française singulière à l'égard des Américains. « Amis, alliés mais pas alignés », comme le dit Hubert Védrine, ancien ministre des Affaires étrangères.

1. On se souviendra des relations très difficiles entre le général de Gaulle et les Américains pendant la Seconde Guerre mondiale.

III

Les nouvelles routes de la guerre ?

9.

Les pôles et le réchauffement climatique[1]

Comme tous les citoyens, je m'interroge sur les répercussions du réchauffement climatique que nous connaissons, mais j'ai longtemps douté de ma légitimité à m'exprimer sur ce sujet. Cependant, la sortie d'un livre permet des rencontres remarquables. Celles qu'a provoquées la publication de mon premier livre[2] sont de celles-ci, et ces rencontres allaient me faire changer d'avis, me poussant à étudier de plus près le couloir du Nord-Est, proche de l'Arctique. À une terrasse de café où j'étais en train de signer un exemplaire du livre, je suis abordé par Hervé Baudu. Il affirme qu'il me reconnaît : je suis le fils du capitaine Georges Trinquand tué à la tête de sa compagnie en Algérie

1. Beaucoup des informations données dans ce chapitre proviennent du livre d'Hervé Baudu, *Les Routes maritimes arctiques, enjeux économiques et géopolitiques*, Paris, L'Harmattan, 2024.

2. *Ce qui nous attend, op. cit.*

alors que son père servait sous ses ordres. Nous entamons la conversation. Quelques jours plus tard il m'invite à déjeuner et je découvre fasciné sa grande connaissance de l'Arctique. Quelque temps plus tard, alors que j'interviens à Chambéry, j'apprends que ma voisine de table n'est autre que l'arrière-petite-fille du fameux commandant Charcot. Elle connaît Hervé Baudu et m'invite à visiter la maison de son aïeul à Neuilly. Dans cette maison de style normand en bordure du bois de Boulogne, je découvre non seulement des trésors artistiques, mais en apprends davantage sur l'homme derrière la figure du grand savant et explorateur. Les souvenirs y côtoient de précieuses archives que son arrière-petite-fille s'emploie à classer. On a l'impression que rien n'a bougé depuis 1936. En effet, cette année-là, le naufrage de son bateau baptisé avec humour le *Pourquoi pas ?* au large de l'Islande mit fin à une série d'explorations de l'Arctique qui permirent à la France de compter dans la découverte de cette région. Ce fut un drame national.

Ces deux rencontres providentielles m'ont encouragé à examiner, de plus près et avec un peu plus d'assurance, ce qui s'annonce comme l'un de nos défis géostratégiques majeurs dans les décennies à venir.

Les images de la fonte de la banquise et des immenses blocs de glace qui s'effondrent dans la mer sont impressionnantes. À juste titre car, depuis 1979, le réchauffement climatique au pôle Nord est près de quatre fois supérieur à ce qu'il est sur le reste de la planète. La France est très loin de l'Arctique, mais cette zone intéresse notre avenir, et pas seulement pour des raisons environnementales, elle constitue aussi un flux commercial dont l'importance géostratégique est souvent soulignée.

L'intérêt pour l'Arctique se justifie dans deux domaines : les flux et les ressources. Le second justifiant l'intérêt du premier.

La région polaire abriterait 13 % des réserves mondiales de pétrole et 30 % de celles de gaz. En 2008, une étude de l'United States Geological Survey a laissé croire que cette zone pouvait constituer le nouvel Eldorado énergétique mondial. Cependant, 84 % de ces ressources sont offshore. Elles se situent dans le sous-sol des zones économiques exclusives (ZEE), à deux cents milles des États côtiers. Elles sont donc leur propriété inaliénable. De plus, dans cet environnement extrême, l'extraction serait très difficile et très coûteuse.

La Russie concentre la grande majorité de ces ressources. Elle s'oppose à la position commune des autres pays de la région. Les États-Unis avec l'Alaska, le Canada, le Danemark avec le Groenland, l'Islande pour une part infime dans la zone Arctique, et la Norvège souhaiteraient geler ces ressources pour des raisons écologiques. La vision de la Russie est différente car cette matière fossile constitue pour elle une véritable rente.

La Sibérie et les péninsules de Yamal et de Gydan sont en effet d'un intérêt capital pour l'économie de la Russie. Cette région arctique ne représente pas moins de 15 % du PIB du pays. Chiffre plus marquant encore, en 2023, les hydrocarbures représentaient 63 % de ses exportations.

Après la Russie, le Canada est le pays qui possède les côtes arctiques les plus importantes, mais il n'y a plus d'exploitation gazière ou pétrolière dans le nord du pays depuis 2016. Tout le trafic maritime de cette zone repose sur l'exploitation des sites miniers et le trafic de cabotage pour l'approvisionnement des populations locales.

Il existe un potentiel en minerais énorme et non exploité au Groenland. Le gisement d'uranium et de terres rares de Kuannersuit, au sud, pourrait abriter la deuxième réserve de terres rares au monde, derrière la Chine, et la sixième d'uranium. Pour l'instant, le gouvernement groenlandais a suspendu le permis d'extraction face aux risques environnementaux. Ce potentiel intéresse la Chine qui a pris une longueur d'avance mondiale dans le raffinement de ces minerais sur les États-Unis et l'Union européenne, très attentives à la lutte contre le dérèglement climatique.

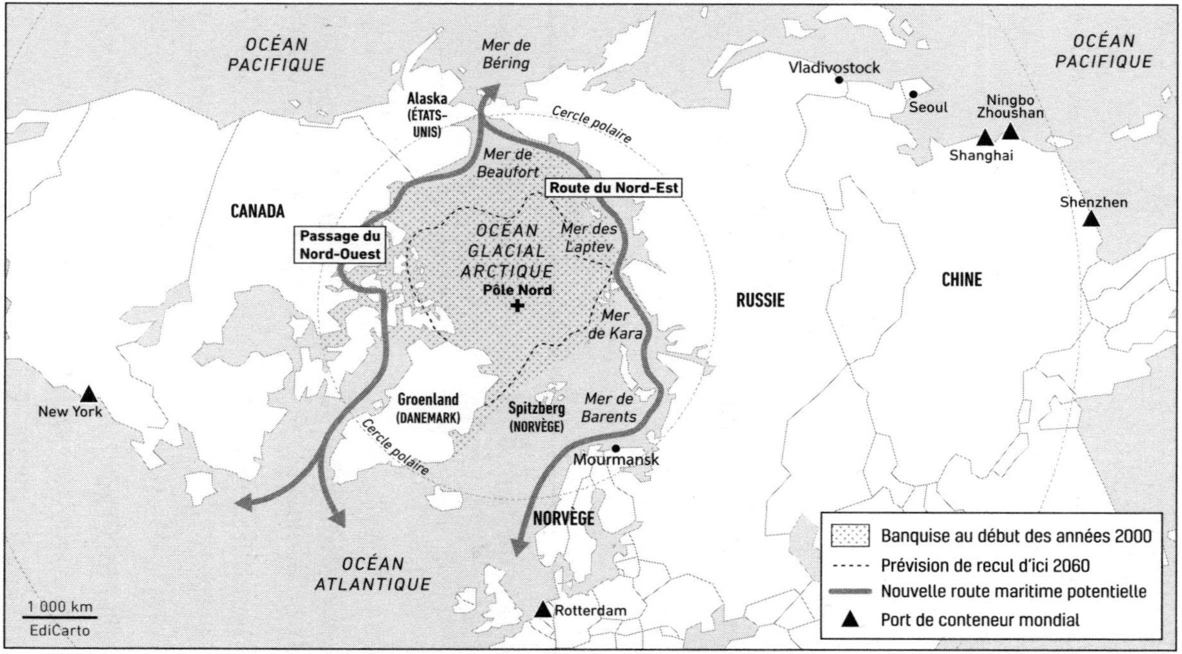

7. L'Arctique et la voie du Nord-Est

L'exploitation de ces ressources fossiles, qui pourrait altérer l'équilibre environnemental, fait l'objet d'un affrontement entre, d'une part, les Européens et les Américains, et, d'autre part, la Russie.

Le réchauffement climatique et la constitution de nouvelles routes de circulation

Dans les années 1950, il était impossible de naviguer dans la région arctique. Cette voie était réservée à des explorateurs comme le commandant Charcot. L'étendue et l'épaisseur de la banquise l'interdisaient. Aujourd'hui, le réchauffement change la donne, la banquise perdant en surface et en hauteur. D'après les projections scientifiques, 70 % de la superficie de la banquise mesurée depuis 1979 seraient perdus à la fin du siècle à cause du réchauffement climatique. À certaines périodes de l'année, la glace libère de l'espace maritime navigable. Selon les spécialistes du GIEC, si nous poursuivons sur la même lancée, il sera possible de traverser l'Arctique, libre de glace, du détroit de Béring à la mer de Norvège, dès 2050. Cette évolution de la fonte de la banquise permet d'envisager, dans les décennies à venir, un trafic maritime de plus en plus important pendant une période estivale plus large, entre avril et novembre, au lieu de juillet à début octobre actuellement.

Le contournement du pôle Nord par l'ouest n'est toutefois pas très intéressant du point de vue commercial. Le morcellement des îles canadiennes rend la navigation difficile et lente. Lors de la débâcle de la banquise hivernale, les courants entraînent les blocs de glace dérivante vers les côtes canadiennes qu'ils peuvent boucher. Les chenaux sont réduits et n'acceptent que des bateaux à faible tirant d'eau. La navigation comporte des risques. Le Canada n'encourage donc pas le trafic maritime dans ses eaux.

La route qui longe les côtes russes est moins contraignante du point de vue de la navigabilité, mais en tant que ZEE, elle est placée sous le contrôle de Moscou. Si le réchauffement climatique se poursuit au rythme actuel, il semblerait que le transit ne pourra s'effectuer hors des eaux côtières russes que dans une vingtaine d'années.

Le flux Asie-Europe est le plus concerné par cette route maritime du Nord-Est parce qu'elle ouvre un chemin vraiment plus court entre les productions chinoises et l'Europe. Le gain de temps de navigation est de l'ordre de 30 à 40 % entre l'Asie du Nord et l'Europe du Nord.

Le commerce maritime représente 90 % du commerce mondial en volume transporté. L'essentiel des produits manufacturés est convoyé selon des axes est-ouest entre la Chine, l'Europe et les États-Unis.

Entre l'Asie et les États-Unis, le trafic est direct par le Pacifique ; vers la côte est, les flux commerciaux passent par le canal de Panama. Pour les flux entre l'Asie et l'Europe, ils passent par le canal de Suez, mais le tirant d'eau important des gros vraquiers les oblige à passer au sud de l'Afrique par le cap de Bonne-Espérance, ce qui rallonge la traversée de dix jours.

Le passage par l'Arctique, le long des côtes russes, serait donc *a priori* plus intéressant pour la liaison Asie-Europe. Le gain de temps de 30 % se reporte sur les coûts d'exploitation et les frais de soute. Mais cet avantage doit être relativisé. Il n'est possible que durant une période définie, pendant la fonte de la glace, soit trois à quatre mois seulement. Il ne vaut que pour les ports du nord de la Chine et du nord de l'Europe. S'il s'agit de livrer en Méditerranée, le passage de Suez reste plus intéressant pour les archipels du sud de l'Asie. Par ailleurs, dans un océan où dérivent des blocs de glace, beaucoup de paramètres sont à prendre en compte. La navigation doit s'adapter pour éviter les collisions, contourner certaines zones, ce qui augmente la distance réellement parcourue et donc la facture en carburant. Tous les bâtiments ne peuvent emprunter cette route maritime, parfois rétrécie ou peu profonde, ce qui pénalise les gros porte-containers dont le gigantisme permet de réduire les coûts. Les conditions obligent parfois à recourir à un brise-glace, ce qui rallonge aussi les délais. Les zones polaires font d'ailleurs l'objet de surprimes allant jusqu'à 50 % du contrat de base.

Un autre danger est à prendre en compte : ces voies de navigation pourraient présenter un grand risque environnemental. Une fuite ou un déversement d'hydrocarbure n'a pas les mêmes conséquences au pôle Nord que dans une mer chaude où le gazole peut s'évaporer et provoquer une détérioration bactérienne. Dans une mer froide, le gazole formerait une plaque épaisse et gélifiée qui dériverait sans disparaître. Pour éviter ces accidents, le fuel lourd sera progressivement interdit à l'horizon 2029 en Arctique.

La découverte de cet espace

Alors que l'exploration de l'Arctique fut le domaine d'explorateurs passionnés comme le commandant Charcot entre les deux guerres, son utilisation pour les flux maritimes est apparue à l'occasion de la Seconde Guerre mondiale, quand des convois de ravitaillement ont été acheminés de l'Occident vers les ports russes de la mer de Barents. Après l'effondrement de l'URSS, la Sibérie n'entrait pas dans les priorités du régime. Le volume du transport maritime en Arctique était devenu quasiment inexistant.

La route maritime s'est de nouveau ouverte à partir de 2007 avec le développement des projets pétroliers et miniers en Sibérie. À son arrivée au pouvoir, Vladimir Poutine a décidé une lutte sans merci contre les riches hommes d'affaires qui refusaient de s'entendre avec lui, en nationalisant leurs sociétés ou en les confiant à des proches. L'Arctique avec ses richesses énergétiques est devenue une priorité nationale que le président russe a définie dans la stratégie énergétique de la Russie jusqu'en 2020, un plan confirmé et repris pour 2035. Les projets décidés par l'administration Poutine sont colossaux, car le président russe compte porter son pays au premier rang des exportateurs mondiaux, convaincu que les réserves de pétrole et de gaz dans la région polaire le lui permettent. L'URSS avait déjà construit un important réseau de conduites terrestres ; avec Poutine, la Russie investit dans le développement maritime en Arctique. Pour cela, il lui faut aménager les voies navigables et les ports, Mourmansk et Anadyr étant les deux seuls ports russes d'envergure, et construire une importante flotte de brise-glaces en vue de rendre la navigation possible toute l'année. Avec quatre-vingts navires en exploitation, en construction ou planifiés, dont les énormes brise-glaces à propulsion nucléaire, la Russie possède la plus grosse flotte de ce type, largement devant le Canada qui ne dispose que d'une dizaine de navires actifs. Les Américains comptent sur deux brise-glaces lourds et deux brise-glaces scientifiques. L'hégémonie russe est évidente en nombre, elle tend à s'imposer également par la méthode. On peut également se demander si l'usage de plus en plus systématique et intensif de ces brise-glaces pour élargir les voies commerciales ne va pas contribuer de manière significative à détériorer un écosystème déjà fragilisé, avec des répercussions à l'échelle de la planète encore difficiles à mesurer.

La volonté de contrôle

Pour l'instant, les flux maritimes en Arctique s'effectuent un peu au large des côtes du Canada mais surtout de la Russie. Le Canada veut contrôler les routes par souci environnemental. Comme dit plus haut, le pays ne souhaite pas développer les flux maritimes de son archipel et veille surtout à la sécurité des bateaux.

Les Russes envisagent le contrôle de leur ZEE sous un angle purement économique en percevant des droits sur les services d'escorte qu'ils fournissent, selon leurs propres règles. Pour transiter par les routes maritimes du Nord-Est, les navires, y compris militaires, doivent obtenir une autorisation du ministère des Transports russe, en lui fournissant toutes les informations possibles sur le trajet effectué et ses motifs. La présence d'un pilote russe est obligatoire à bord en cas de recours à un brise-glace, pilote pour lequel il faudra souvent accomplir un détour pour l'embarquer dans un des ports suffisamment profonds. Le tout, du pilotage aux démarches administratives, est payant.

Même si les Russes estiment que ces lourdeurs administratives et financières ne détourneront pas les armateurs, la couverture des communications en Arctique reste également un point faible de la zone.

La zone polaire est couverte par les systèmes de positionnement par satellite (GPS américain, Galileo européen, Glonass russe, Beidou chinois), mais pas par les moyens récurrents d'augmentation différentielle (DGPS). Il en résulte que la Russie n'est pas en mesure de garantir le suivi exact de tout le trafic maritime au large de ses côtes. En effet, si les cartes des principaux tronçons des routes maritimes du Nord-Est sont fiables, il n'en va pas de même pour de nombreuses zones secondaires, dont la profondeur n'excède pas trente mètres, et qui sont souvent mal hydrographiées. Sous l'effet du réchauffement du pergélisol sous-marin, des poches d'hydrate de méthane peuvent se contracter ou exploser et modifier le relief des fonds. Autant de données qui relativisent l'attractivité des routes polaires en matière de flux maritimes, auxquelles il faut ajouter les conséquences de l'invasion de l'Ukraine par Moscou.

Ce que cela change sur le plan géostratégique

La Russie est forte de ses gisements supposés, mais elle manque des technologies et des compétences nécessaires pour les exploiter. C'est pourquoi, à l'origine, cette route maritime du Nord-Est devait être ouverte à la circulation des pays étrangers dont les investissements étaient nécessaires à Moscou.

Jusqu'à l'annexion de la Crimée en 2014, l'Arctique n'apparaissait pas comme une zone de conflits, même indirects, même si, en 2008, l'étude USGS[1] présentait le potentiel des ressources énergétiques du continent polaire. Pour l'Union européenne, l'intérêt pour cette zone relevait surtout de préoccupations environnementales.

La gouvernance de la région est confiée au Conseil de l'Arctique, officialisé en 1996, un forum intergouvernemental de promotion de la coopération dans l'Arctique, composé de huit membres permanents :

1. L'USCG, ou US Coast Guard, est un corps militaire dépendant du département de la Sécurité intérieure américaine. Acteur de la sécurité maritime, l'USCG met également ses moyens à disposition de la recherche scientifique en zone polaire.

les cinq États dont les côtes enserrent cet océan (États-Unis, Canada, Danemark pour le Groenland, Norvège et Russie), ainsi que les trois autres États du cercle polaire (Suède, Finlande au titre du peuple Sami, Islande). Treize États non arctiques sont admis à titre d'observateurs, dont la France depuis 2009. L'Union européenne a été pour sa part refusée en tant qu'observateur, elle est la seule institution ayant seulement le statut d'observateur invité. En 2008, l'Union européenne avait tenté de prendre une initiative pour que l'Arctique soit régie par un traité international, comme l'Antarctique, au nom de la protection de l'environnement – en vain. Le Conseil ne débat que des problématiques environnementales et de celles liées aux peuples autochtones. Les dossiers d'ordre diplomatique et militaire relèvent de la prérogative de chaque État. Cas particulier : la Chine a été admise comme pays observateur en 2013. Elle qui se revendique depuis janvier 2018 comme un pays « proche Arctique » ne cache pas son intérêt pour l'accès aux ressources d'hydrocarbures des usines sibériennes ainsi que pour ce corridor secondaire et son trafic maritime à destination de l'Europe. En cohérence avec le projet de nouvelles routes de la soie, elle a tenté, sans y parvenir, de prendre pied en Islande, au Canada ou encore au Groenland. Preuve que le Conseil de l'Arctique n'attire pas que les pays soucieux du dérèglement climatique.

La Russie a pris la présidence du Conseil en mai 2021 pour deux ans. Après l'invasion de l'Ukraine le 24 février 2022, les travaux du conseil ont été aussitôt suspendus et Moscou exclu des discussions, qui ne reprennent qu'en 2024 sous la présidence norvégienne, sans la Russie, qui a suspendu sa contribution financière.

Du point de vue commercial, les sanctions décidées par l'UE à la suite du déclenchement de la guerre en Ukraine ont pénalisé les exportations de pétrole russe. Les majors de l'industrie pétrolière et gazière – la britannique BP, le groupe anglo-néerlandais Shell, l'américain Exxon Mobil, et Total Energie – ont annoncé le retrait de leurs investissements dans les projets russes. La Russie s'est donc tournée vers Pékin et New Delhi. La Chine absorbe une partie du pétrole qui était destiné à l'Europe et entend bien valoriser ses technologies. À lui seul l'empire du Milieu représente un quart des exportations russes de pétrole brut. De quasi inexistants en 2002, les achats par l'Inde ont atteint près d'un million de barils en novembre 2022. Les deux pays sont les deux plus gros acheteurs de pétrole russe. En 2023, la Chine achetait entre 45 et 50 % du pétrole et des produits pétroliers russes. L'Inde arrive en seconde position avec environ 40 %.

La guerre en Ukraine a redessiné les influences. Désormais, avec les adhésions de la Suède et de la Finlande, sept des huit pays de l'arc arctique sont membres de l'Otan. La Norvège renforce sa coopération militaire avec les États-Unis. Les ambitions russes en Arctique sont de fait réduites. Moscou, qui prétendait ouvrir une nouvelle route commerciale aux investisseurs étrangers, ne peut plus compter que sur la Chine, en meilleure posture économique que la Russie, et sur l'Inde, dont la croissance est enviable.

Si l'on met tous les enjeux écologiques de côté, on voit que le passage alternatif en Arctique ne révolutionne pas les choses. Il n'est possible que dans une période limitée, pour certains types de bateaux, sous le contrôle de la Russie. La Chine y trouvera son compte pour emprunter une route plus courte en ce qui la concerne, et pourra continuer à proposer des prix très bas pour ses produits manufacturés. Elle pourrait en fin de compte, être la grande gagnante de la route arctique proposée par la Russie.

10.

Le cyberespace

En septembre 2001, j'étais officier général français, intégré dans un état-major de l'Otan à large dominante américaine, sur le bateau de commandement de l'US Navy, le USS *Mount Whitney*. Entouré de colonels américains, j'avais été nommé « directeur opération » de l'exercice NATO Strong Resolve 2002, un exercice qui opérait en temps réel le déploiement de forces dans et autour de la mer Baltique. Le bateau comprenait 500 personnes d'équipage et 500 personnes d'état-major avec plus de 40 nationalités représentées. C'était un vieux bateau mais à la mesure du gigantisme de l'armée américaine. De la mer Baltique je n'ai pas vu grand-chose car le travail s'effectuait dans les entrailles du bateau et ne permettait pas de voir la lumière. De plus, le rythme des séquences était orchestré par une pendule très militaire découpée en tranches horaires annonçant H+x, ce qui organisait toute notre vie. Ceci est tellement vrai qu'une fois où je décidai d'aller voir le jour sur le pont, je découvris qu'en fait il faisait nuit !

Comme je l'ai raconté dans un précédent ouvrage[1], nous étions en plein briefing quand nous avons appris les attaques du 11 septembre 2001. Nous nous trouvions alors à l'intérieur de la gigantesque base aéronavale de Norfolk, en Virginie, l'un des lieux les plus sécurisés au monde.

Dans chaque bureau se trouvait non pas un, ni même deux, mais trois ordinateurs : l'un pour les recherches sur Internet, un autre ouvert uniquement aux membres de l'Otan, et un troisième, américain, « US Eyes Only », auquel bien qu'étant intégré à l'armée américaine, mais français, je n'avais pas accès. Chacun de ces ordinateurs disposait de son propre câblage pour que rien d'indésirable ne puisse pénétrer le système. Par mesure de protection, chaque réseau était totalement indépendant, depuis le câblage jusqu'à l'antenne satellite. Tout était cloisonné. Si vous aviez des informations sur une clé USB que vous souhaitiez lire sur votre ordinateur, quelle que soit sa provenance, elle devait passer par une « station blanche », une sorte de sas de décontamination chargé de vérifier qu'elle ne contenait pas de virus.

C'est l'une des mesures prises par les armées pour se protéger des attaques. Mais il en existe beaucoup d'autres, des plus sophistiquées aux plus banales. Par exemple, de manière générale, dans les opérations, les smartphones ne doivent pas être utilisés. Pas simplement pour éviter que les conversations soient interceptées, mais parce qu'un téléphone fournit une foule d'informations dont même un bon militaire ne se méfie

1. *Ce qui nous attend, op. cit.*

pas toujours. Nous avons eu le cas au Sahel où des soldats avaient l'habitude de courir avec une application qui suivait leur parcours et leurs performances. Le problème, c'est que ce logiciel pouvait les localiser tout aussi précisément dans leur jardin ou les bois dans lesquels ils faisaient leur jogging, que dans le désert sahélien. Par conséquent, leur position en opération et celle de leur unité devenaient publiques.

Dans la vie civile, nous sommes habitués à nous connecter au Wi-Fi dès qu'un réseau est proposé dans le train, un restaurant, n'importe quel lieu public. En réalité, le portail de ces sites, y compris les sites publics, pourrait être facilement copié pour y introduire des logiciels espions ou des virus destructeurs. Il suffit de duper la bonne personne pour qu'elle y laisse une porte d'accès. Ce fut le cas récemment lorsque des officiers allemands en déplacement ont communiqué en passant par le Wi-Fi de leur hôtel. La communication éminemment sensible a pu ainsi être écoutée par les services russes qui se sont fait un malin plaisir de mettre cela sur la place publique…

Les militaires sont sensibilisés à cette nouvelle forme de guerre et prennent les mesures appropriées, mais ils ne sont pas les seuls visés. Quand un État veut en attaquer un autre, la guerre ne se joue plus uniquement sur des fronts militaires, elle vise des organismes, des structures institutionnelles ou économiques qui peuvent être considérablement affaiblies par des attaques menées de façon anonyme. Les cyberattaques ne respectent aucune règle, elles ne sont ni déclarées ni signées, et quand on les découvre, elles ont déjà frappé. Ces guerres d'un nouveau type, fondées sur l'immatériel et la technologie, se sont développées en très peu de temps, mais elles deviennent de plus en plus efficaces.

Le rappel de quelques dates suffit à mesurer la vitesse à laquelle cette nouvelle technologie s'est imposée. Il faut distinguer le réseau, Internet, qui est une structure de diffusion de données à partir de laquelle se développent différents services, comme l'envoi d'e-mails, les réunions en visioconférence, ou la création de sites, et le Web, « la Toile », qui est l'un de ces services permettant de se déplacer et d'intervenir sur Internet.

Le premier réseau de transfert de paquets de données a été créé en 1969 aux États-Unis par l'Agence pour les produits de recherche avancée de défense américaine (DARPA). Fruit d'une coopération entre militaires et universitaires, il permit de transférer des données entre l'université de Californie à Los Angeles et l'Institut de recherche de Stanford. L'interface visuelle qui offre la possibilité de surfer sur Internet est une invention européenne, créée par l'Organisation européenne pour la recherche nucléaire (CERN), en 1990. À ses débuts, le World Wide Web (Web) permettait uniquement à l'utilisateur de consulter des pages, sans y intervenir. Mais le nombre de sites s'est tellement accru que des moteurs de recherche sont créés, le premier étant Yahoo! en 1994. L'outil Web est désormais utilisé dans des domaines bien différents, d'Amazon, la première librairie en ligne en 1995, à l'encyclopédie collaborative numérique Wikipédia créée en 2001, ou le réseau social Facebook en 2004. Après avoir créé en 2001 le premier appareil numérique permettant de stocker et d'écouter un millier de titres, l'iPod, Steve Jobs lance le premier téléphone intelligent en 2007, capable de surfer sur le Web et d'utiliser des applications. Il s'est écoulé moins de vingt ans entre la création du Web utilisé sur un ordinateur et celle du smartphone qui permet d'avoir toute la Toile dans sa poche.

En 2016, la pénétration mondiale de l'Internet a dépassé la moitié de la population mondiale. En 2021, on dénombrait quatre milliards six cents millions d'ordinateurs dans le monde et le nombre ne cesse de croître. En 2023, le nombre d'applications disponibles sur l'Apple Store ou celui d'Android dépasserait les deux millions dans les deux magasins.

Les vingt dernières années ont révolutionné non seulement la communication, mais aussi tout simplement les relations humaines. Les générations nées ces années-là ont un accès instantané et illimité à l'information. Cela ne veut pas dire pour autant que les possibilités offertes soient bien utilisées.

Une guerre planétaire sans règles

Le cyberespace est un territoire immatériel, qui se joue des frontières et qui est entré dans tous les foyers. Il est à la portée de tout le monde et ne hiérarchise pas ses utilisateurs. Un petit groupe d'individus, voire un seul, peut infiltrer et causer des dégâts à n'importe quelle structure et déstabiliser un pays. En 2023, un lycéen sans histoires de dix-sept ans a récupéré des milliers de données (numéros de cartes bancaires, de téléphone…) qu'il a ensuite monnayées à des délinquants. La fraude a été estimée à plus d'un million d'euros. L'adolescent se serait formé en passant des heures devant son ordinateur, entre jeux vidéo et forums dédiés. Le pot de terre peut désormais défier le pot de fer.

La guerre en Ukraine, si proche de nos frontières, occupe les esprits et les médias. Les cartes abondent pour visualiser l'avancée ou le retrait des troupes. Chacun s'interroge sur un possible engrenage qui rapprocherait le conflit. Mais, dans le cyberespace, la guerre, au sens large, fait rage. En comparaison des attaques et des systèmes de haute technologie mis au point par les grandes puissances pour contrer leurs ennemis et déstabiliser leurs structures, le conflit ukrainien est quasiment un épiphénomène. On se concentre sur la ligne de front, là où tombent les obus, mais d'autres opérations sont tout aussi essentielles car elles produisent des dégâts beaucoup plus profonds qui ne seront visibles qu'à long terme. L'OSINT[1] est une nouvelle arme dans ce conflit. En effet, les sources ouvertes se sont multipliées, comme l'analyse des images satellites pour prévoir des offensives, l'analyse des images postées sur les réseaux sociaux permettant d'identifier la position de certaines unités ou encore la guerre informationnelle qui a lieu entre les deux puissances (ne seraient-ce que les motivations de la guerre annoncées et diffusées en Russie, jusqu'au nombre de blessés et de morts déclarés).

La guerre cherche toujours à s'enfoncer dans un territoire, mais elle vise aussi la capacité technologique des belligérants. La bataille qui se joue dans le cyberespace est beaucoup plus lancinante, ses attaques sont moins visibles, ses auteurs ne signent pas leurs actes de guerre, mais elle déstabilise sans doute plus durablement l'ennemi.

Pourtant, les États qui s'y illustrent ne le revendiquent pas. Les attaques les plus secrètes sont les plus efficaces.

---

1. Open Source Intelligence : source de renseignement ouverte.

En 2007, l'Estonie a été victime d'une offensive sans déclaration de guerre préalable. Cette petite république parlementaire, d'à peine un million et demi d'habitants, donne sur la mer Baltique, au sud de la Finlande, et voisine avec la Russie à l'est. Elle n'a retrouvé son indépendance, déjà acquise une première fois en 1920, qu'en 1991, après avoir été occupée illégalement pendant cinquante ans par Moscou. En 2007, le Kremlin n'apprécie pas que l'Estonie déplace la statue d'un soldat portant l'uniforme russe dans le cimetière de Tallinn, sa capitale. Le 27 avril, lors du déplacement de la statue, des attaques cyber visent les sites Web d'organisations telles que le Parlement, les banques, les ministères, les journaux et les diffuseurs. Cet événement a conduit à la création en mai 2008, à Tallinn, du Centre d'excellence de cyberdéfense coopérative de l'Otan.

Mais les Russes ne sont pas les seuls à mener des attaques dans le cyberespace. En 2006, les progrès de l'Iran en matière nucléaire inquiètent. L'opération Olympic Games est mise au point secrètement entre les Américains et les Israéliens pour attaquer les centrifugeuses iraniennes afin de ralentir l'enrichissement de l'uranium perse. Un ver informatique est créé, Stuxnet, pour se propager dans le système. L'administration Obama poursuit le programme engagé par George Bush. Le ver informatique américain a été découvert en 2010, après avoir infecté trente mille systèmes informatiques en Iran, et quinze mille utilisateurs de Siemens en Allemagne, France, Inde et Indonésie. Le virus n'est pas resté cantonné aux centrales nucléaires, il s'est propagé des serveurs de la société Behpajooh, spécialisée en ingénierie informatique, à ceux du géant iranien de l'acier Mobarakeh Steel Company qui a des contacts commerciaux dans le monde entier. Cette attaque est considérée comme la première arme informatique stratégique d'ampleur. L'idée était de mener une attaque discrète, mais les Iraniens ont compris qui en était à l'origine. Stuxnet a retardé le programme nucléaire iranien de dix-huit mois à deux ans.

En 2012, des dizaines de milliers d'ordinateurs de Saudi Aramco et RasGas Co sont attaqués par le virus Shamoon. La plus grande compagnie pétrolière du monde, basée en Arabie saoudite, alliée des États-Unis contre l'Iran, est victime d'une importante fuite de données. Des dossiers sur des clients, des informations sur les employés, des localisations de raffineries sont touchées *via* le sous-traitant qui stocke ces informations. Une rançon de cinquante millions de dollars est exigée en Monero, une cryptomonnaie. L'attaque est attribuée aux Iraniens, en riposte à l'opération Olympic Games.

Plus récemment, en mai 2021, un système d'oléoduc américain qui relie Houston au Texas, au sud-est des États-Unis, la compagnie Colonial Pipelines, est victime d'une attaque qui l'a paralysé plusieurs jours. L'entreprise est contrainte de payer une rançon de quatre millions quatre cent mille dollars pour pouvoir reprendre ses activités. L'enquête menée désignerait le groupe cybercriminel DarkSide, censé vivre en Russie. L'auteur de l'attaque n'a cependant jamais été formellement identifié. Toutefois DarkSide propose ses rançongiciels en RaaS (Ransomware as a service), tout comme LockBit et la majorité des groupes qui exercent cette « activité ». C'est-à-dire qu'ils développent l'outil, puis le revendent à des utilisateurs, chargés de le mettre en œuvre en suivant une certaine doctrine. Par exemple, il peut être interdit de cibler certains établissements (hôpitaux, écoles ou autres) ou certains pays… Il s'agit en fait d'attaques de corsaires, qui agissent indirectement pour un État (la Russie) et appliquent certaines règles, mais en se finançant directement par les rançons.

Pour mener à bien ce genre de cyberattaques, il faut également disposer d'informations sur le camp opposé. Le cyberespace est le lieu d'un espionnage à la fois sophistiqué et discret.

Le logiciel espion Pegasus, créé par la société israélienne NSO Group, a commencé à être repéré en 2016, trois ans après sa création. Capable de contourner les systèmes de sécurité, il peut être installé à distance dans les smartphones iOS et Android. Il accède aux fichiers, messages, photos et mots de passe, écoute les appels téléphoniques, et peut déclencher l'enregistrement audio, la caméra ou la géolocalisation. Sa vente nécessite une licence d'exportation du ministère israélien de la Défense. Israël ne permet pas qu'il cible les pays de l'alliance des « Five Eyes », qui regroupe les États-Unis, le Canada, le Royaume-Uni, l'Australie et la Nouvelle-Zélande. L'affaire Pegasus éclate en 2021, quand une enquête journalistique collaborative internationale révèle que le logiciel a été utilisé par plusieurs pays à des fins d'espionnage. Parmi les cibles identifiées, on dénombre 600 personnalités politiques ou membres de gouvernements et des chefs d'État, 189 journalistes, 85 militants des droits de l'homme, 65 dirigeants d'entreprise. L'Allemagne et l'Espagne auraient utilisé le logiciel ; la France, bien qu'approchée, aurait refusé de recourir à Pegasus en 2020.

La presse est friande de ces révélations et s'est organisée en regroupant plusieurs médias dans le monde pour traiter ces dossiers tentaculaires, les fuites dévoilant des données privées étant de plus en plus nombreuses.

Un espace de puissance et de vulnérabilité

Le site WikiLeaks, incarné par Julian Assange, en liberté surveillée pendant sept ans, puis en prison pendant cinq ans au Royaume-Uni[1], met en évidence tout à la fois la puissance des acteurs du cyberespace et leur vulnérabilité. Il révèle la frontière fragile entre les « lanceurs d'alerte » et ceux que des États identifient comme traîtres. À l'origine, le site créé en 2006 a été perçu comme un élément positif dans le territoire non régulé d'Internet. Il divulguait des masses de documents secrets au nom de la nécessaire et démocratique notion de la transparence planétaire. En 2015, l'opinion approuve les WikiLeaks quand le site annonce que les présidents Chirac, Sarkozy et Hollande ont été écoutés par la NSA (National Security Agency). La France proteste dans un communiqué officiel de l'Élysée : « Il s'agit de faits inacceptables qui ont déjà donné lieu à des mises au point entre les États-Unis et la France. » Mais, en 2016, le même site publie les e-mails d'Hillary Clinton, largement exploités par Donald Trump durant la campagne, à la grande satisfaction de la Russie. En 2017, lors de la campagne présidentielle en France, des e-mails de l'équipe Macron sont rendus publics deux jours avant le second tour. L'opération n'a pas de conséquences sur le vote, mais elle altère la supposée neutralité du site dont certaines actions semblent

1. Il a été libéré le 26 juin 2024 après une procédure de « plaider coupable » devant la justice américaine.

orientées par la Russie. Sur Internet, il n'est jamais facile de savoir qui tire les ficelles.

Les organisateurs des batailles du cyberespace demeurent anonymes. Ils exploitent la puissance d'un système non réglementé investi par des sociétés tout aussi puissantes.

La Chine et les États-Unis, deux arbitres mondiaux aux règles différentes

C'est dans le cyberespace que la Chine et les États-Unis se livrent une guerre sans merci. L'affaire Huawei a montré combien la maîtrise des flux immatériels du Net était primordiale. Une nouvelle forme de guerre froide s'est ouverte à cette occasion. Chacun des deux pays a ses géants de la tech aux avant-postes de la guerre des réseaux de communication, voire, pour la Chine, de surveillance.

En mai 2019, Donald Trump signe un décret qui place Huawei Technologies sur la liste noire des organisations à risque. Les entreprises américaines n'ont plus le droit de commercer avec le géant chinois, deuxième fabricant mondial de smartphones. Le président américain est persuadé que les équipements de déploiement de la 5G permettent à Pékin d'organiser une surveillance industrielle et politique à grande échelle. Huawei nie et rétorque que ces mesures de rétorsion ne sont qu'un prétexte pour empêcher leur implantation aux États-Unis. Le risque est pris au sérieux en Europe, puisque le commissaire européen au Marché intérieur, Thierry Breton, confirme en 2020 qu'un des risques notables de la 5G était de ne dépendre que d'un seul équipementier. Une intrusion dans le réseau pourrait entraîner une disruption massive, comme faire sauter le courant de toute une ville ou bloquer complètement une administration, explique le commissaire européen. Certains opérateurs estimés à risque auraient la capacité de prendre la main sur des sites stratégiques, comme une capitale, les lieux abritant une activité militaire ou une centrale nucléaire. Même si le marché européen de la 5G est ouvert à tous, une méfiance réelle existe vis-à-vis de Pékin.

Et pour cause, depuis 2017, une loi permet à l'État chinois d'avoir accès à toutes les données d'une entreprise qui œuvre sur son territoire. Là où la mondialisation du cyberespace franchit les frontières, l'empire du Milieu a développé son propre système totalement contrôlé par l'État. Les Gafam[1] chinois sont désignés par l'acronyme BHATX qui correspond au moteur de recherche Baidu, au fournisseur d'accès à haut débit et fabricant de smartphones Huawei, à la plateforme de commerce Alibaba, au fournisseur

1. Google, Apple, Facebook, Amazon et Microsoft.

de services mobiles comme les messageries instantanées ou les jeux en ligne Tencent, et à Xiaomi, le fabricant de smartphones dont le champ d'action s'est étendu aux équipements pour maisons connectées et à la construction de voitures. Quand on imagine que le pouvoir chinois peut avoir accès aux données de toutes ces entreprises, on est pris de vertige.

La loi de 2017 interdit bien aux plateformes en ligne de vendre les données personnelles de leurs utilisateurs à des tiers sans le consentement de la personne concernée, comme le fait le RGPD, le règlement global sur la protection des données en Europe, mais la loi de Pékin impose à certains services en ligne, y compris étrangers, de stocker les données de leurs utilisateurs sur le territoire chinois. Sont ciblées les « infrastructures critiques d'information », terme assez vague pouvant concerner n'importe quelle entreprise, en fonction de la volonté des autorités chinoises d'accéder à ses informations. Informations plus facilement accessibles si elles sont stockées sur leur territoire.

Une nouvelle loi est intervenue en 2021, la Personal Information Protection Law (PIPL). Cette version chinoise de la loi sur la protection des informations personnelles est très complexe. Elle interdit de fournir des informations personnelles recueillies en Chine à l'étranger tout en maintenant le principe selon lequel le gouvernement chinois peut, s'il juge que les activités de traitement de données portent atteinte à la sécurité nationale de la Chine, procéder à leur examen.

Pékin tient à maîtriser les géants de la Tech chinois, au nom de la sécurité du pays. La censure y est parfaitement organisée, la technologie numérique est un formidable outil de surveillance de la population, et de tous les flux numériques qui entrent et sortent du pays. La Chine a fini par établir des frontières à cet espace immatériel. La fameuse application Douyin, gérée par la maison mère de TikTok, ByteDanc, a un contenu très différent en Chine ; il s'agit plus (sur le même principe d'utilisation) d'une application de microlearning que de divertissement. Ce dernier, réservé à l'exportation, cause des ravages sur notre jeunesse en activant chez ses utilisateurs un processus d'addiction. D'ailleurs, la majorité des applications sont différentes en Chine, puisqu'il y a un autre réseau que celui auquel nous avons accès, contrôlé par Pékin.

Aux États-Unis, les principes se situent totalement à l'opposé de ces pratiques. La liberté économique est le maître mot et la puissance des entreprises participe par ricochet à la puissance américaine. Pendant longtemps, les conditions de croissance des géants du Net n'ont pas été véritablement contestées, conformément au principe de la liberté d'entreprendre cher aux Américains. L'extension de ces entreprises dans le monde sert les intérêts états-uniens en appliquant le principe d'extraterritorialité.

En effet, les États-Unis mènent une politique économique très agressive vis-à-vis des sociétés étrangères potentiellement concurrentes des leurs. La loi fédérale Foreign Corrupt Practices Act, votée en 1977, était destinée à lutter contre la corruption d'agents publics à l'étranger. Dotée d'un principe d'extraterritorialité, elle a permis à la justice américaine d'étendre son bras dans le monde entier, un bras qui n'est plus seulement dirigé contre la corruption, car il est aussi devenu, sous ce prétexte, l'acteur d'opérations de déstabilisation économique des entreprises étrangères menaçantes[1]. La seule condition permettant de justifier la mise en cause de ces multinationales repose sur des conditions facilement remplies : que les sociétés aient conclu un contrat aux États-Unis ou que leurs communications – un simple e-mail suffit – transitent par des serveurs basés aux États-Unis. Merci Google !

Entre 2010 et 2014, trois entreprises françaises du CAC 40 (TotalEnergies, Technip et Alcatel) ont été

1. Lire à ce sujet le témoignage de l'ancien cadre supérieur d'Alstom, emprisonné deux ans aux États-Unis : Frédéric Pierucci (avec Matthieu Aron), *Le Piège américain*, Paris, JC Lattès, 2019.

condamnées[1] à payer la somme globale de 873 millions de dollars. Pour Alstom, l'amende s'est montée à « seulement » 772 millions, au lieu du milliard initialement prévu. Dans cette action, il faut inclure le rachat de la branche énergie de la multinationale française par l'américain General Electric. L'année 2020 a établi un record avec 6,4 milliards de dollars d'amendes infligées à des entreprises étrangères.

En 2008 pourtant, la coopération demandée aux géants de la Tech a pris une autre ampleur. L'administration Bush a introduit la section 702 au Foreign Intelligence Surveillance Act pour lutter contre le terrorisme. Cet article autorise l'usage des données par des programmes de surveillance de la NSA et du FBI. Cette coopération a permis de remonter jusqu'au chef d'Al-Qaïda, Ayman al-Zawahiri. Malgré les protestations d'Apple ou de Google, il a été reconduit pour deux ans en avril 2024.

Mais le contexte politique évolue, et les autorités américaines commencent à regarder d'un autre œil la puissance des Gafam. « La montée en puissance de ces plateformes menace les marchés ouverts et la compétition, estime le département de la Justice américain, avec des risques pour les consommateurs, les

1. Le motif est souvent la non-application d'une loi américaine liée à un embargo unilatéral.

entreprises, l'innovation, la résilience, la compétitivité mondiale et notre démocratie. » Paradoxe du monde cyber, la liberté d'entreprendre des Gafam pourrait être brimée car elle menace la liberté économique. C'est le principe de la liberté, que défendent les Américains, et non le contrôle de leur population ou des acteurs économiques, contrairement à la Chine. Explication : un monopole pose problème quand il nuit à la concurrence et par voie de conséquence à l'innovation. Une loi antitrust, l'American Innovation and Choice Online Act, soutenue par le président Biden, a donc été mise sur les rails par le Congrès en 2021. Les Gafam ont dépensé des fortunes pour s'y opposer. Ils ont même lancé une campagne publicitaire « *Don't break what works* » (« Ne cassez pas ce qui marche ») en alertant l'opinion sur des services plus difficiles, plus chers, moins pratiques et moins sécurisés si cette loi aboutissait. La commission sénatoriale a cependant tenu bon et voté en faveur du projet en janvier 2022, mais son adoption n'a pas encore pu être obtenue à moins de six mois de l'élection présidentielle.

Entre ces approches opposées des deux pays dominant la Tech, la Russie n'est pas en mesure de concurrencer les géants américains ou chinois, mais elle a créé son propre système. Elle possède l'équivalent des Gafam sous le sigle YVMOR, comprenant des moteurs de recherche, Yandex ou Rambler, l'équivalent de Facebook, VKontakte, un système de communication, Mail.ru, un réseau social d'échanges entre anciens élèves nommé Odnoklassniki (« camarades de classe ») qui compte près de soixante-dix millions d'utilisateurs mensuels. Il est évident que la Russie de Poutine tend à s'inspirer de l'approche chinoise plutôt que de celle des États-Unis, mais elle manque d'agilité dans ce domaine, ce qui pourrait, selon certains observateurs, constituer son talon d'Achille[1].

Car la Russie a subi les KremlinLeaks, révélés par un consortium de médias d'investigation en février 2024. Ce dernier a décrit la guerre informationnelle mise au point par Moscou[2]. Il a dévoilé également la structure technique des Russes et l'un des principaux centres névralgiques de la censure numérique russe, l'Automated System of Internet Security (ASBI). L'une des principales missions de l'ASBI est de piloter la lutte contre les menaces grâce à un réseau de boîtiers capables de bloquer ou de ralentir les contenus jugés indésirables. La loi du « Runet souverain[3] », votée en 2019, permet aux autorités de filtrer et de cou-

1. Tribune de Kevin Limonier, maître de conférences en géographie et en études slaves à l'Institut français de géopolitique, *Le Monde*, 5 mars 2024.

2. *Cf.* plus loin le chapitre 12 sur la communication.

3. Internet russe.

per le réseau russe du reste du monde en cas de menace extérieure. Mais, contrairement à leur version chinoise, ces dispositifs s'appuieraient en partie sur des technologies et des matériels étrangers, d'où une certaine fragilité des Russes dans la maîtrise du cyberespace.

L'Europe, un acteur précurseur en matière de régulation

Contrairement aux États-Unis où la régulation des Gafam traîne en longueur, l'Union européenne a démontré une réactivité certaine et une capacité à adopter des textes cohérents en un temps réduit.

Le Digital Market Act (DMA) a été voté en juillet 2022 et la législation sur les marchés numériques est entrée en vigueur le 7 mars 2024. L'objectif est le même qu'aux États-Unis : mettre fin aux abus des grandes plateformes numériques et redonner de l'oxygène aux entreprises concurrentes. Mais la méthode est différente. Il s'agit de prévenir les excès en donnant au régulateur la possibilité de boucler une investigation en un an, en cas de violation. Les groupes ciblés par le DMA risquent des amendes dissuasives allant jusqu'à 10 % de leur chiffre d'affaires, et 20 % en cas de récidive.

Le vote de cette loi est trop récent pour juger de son application, mais force est de constater que son adoption a été rapide à l'échelle de l'Union qui réunit vingt-sept membres, vingt-sept pays qui ne sont pas toujours prompts à s'entendre. Il s'est passé moins de dix-huit mois entre le début des discussions et l'adoption du texte final. C'est un premier signal intéressant envoyé aux Gafam sur la détermination unanime des Européens.

Le DMA ne s'applique qu'aux plateformes utilisées par plus de 45 millions d'Européens et plus de 10 000 clients professionnels, et ayant réalisé au moins 7,5 milliards d'euros de recettes en Europe ces trois dernières années ou valorisé plus de 75 milliards d'euros. Ces *gatekeepers* (« contrôleurs d'accès »), désignés par la Commission, sont Apple, Amazon, Meta, Microsoft, Google et ByteDance (TikTok), pour les vingt-deux services qu'ils exploitent, c'est-à-dire des moteurs de recherche, des magasins d'applications, des messageries ou des services publicitaires. Cette liste a vocation à s'étoffer. Le 1er janvier 2024, Booking et X (ex-Twitter) ont, à leur tour, franchi ces seuils et devraient donc être désignés *gatekeepers*.

Par ailleurs, l'Europe tend aussi à se détacher des prestataires pour certains services. Cela fait suite au développement d'une méfiance à l'égard des technologies étrangères, dans une grande mesure américaines.

En France, on peut citer par exemple « l'affaire » Olvid, cette application de messagerie instantanée chiffrée, éditée depuis 2019 par une entreprise française et certifiée par l'Agence nationale de la sécurité des systèmes d'information (ANSSI). Elle a notamment été imposée en alternative à WhatsApp ou aux autres applications étrangères pour les ministres, dans une circulaire de novembre 2023. Une polémique est cependant née peu de temps après, lorsqu'il a été révélé que les données étaient stockées par AWS (Amazon). Même si elles n'étaient pas lisibles par l'entreprise américaine, étant chiffrées de bout en bout, cet épisode a relancé le débat de la souveraineté des systèmes d'information.

Les progrès rapides de l'intelligence artificielle (IA) sont aussi observés de près par l'UE. En mars 2024, les eurodéputés ont adopté un projet de loi visant à encadrer le développement de l'IA sur le sol européen. La loi classe les applications de l'IA dans trois catégories de risque. La première concerne les applications et les systèmes qui créent un risque inacceptable. Sont par exemple interdits les systèmes de notation sociale gérés par le gouvernement, comme ceux utilisés en Chine. Le deuxième groupe concerne les applications à haut risque, comme un outil de balayage de CV qui classerait les demandeurs d'emploi. Elles sont soumises à des exigences légales spécifiques. Enfin, les applications qui ne sont pas explicitement interdites ou répertoriées comme présentant un risque élevé échappent en grande partie à la réglementation.

Encore plus récent que le DMA, l'IA Act en est à ses balbutiements, mais il faut souligner la volonté commune des Européens de tenter de maîtriser les nouveaux outils numériques sans renoncer aux principes qui régissent nos démocraties. « Les États-Unis innovent, la Chine réplique et l'Europe régule. » Pour une fois les Européens se félicitent peut-être de cette régulation européenne !

11.

L'espace

Je garde encore un souvenir de l'époque où, alors que j'étais à l'état-major des armées dans les années 1990, lorsque nous travaillions sur les premiers satellites d'observation. Un général américain prend rendez-vous avec le chef d'état-major des armées et lui demande avec courtoisie :

— Mon général, si vous voulez travailler sur l'imagerie spatiale...

Les Américains sont persuadés que leur suprématie dans l'espace ne peut être contestée. Seuls les Russes ont pu rivaliser par le passé, mais pendant une courte période désormais révolue. Depuis, ils sont convaincus que personne, ni aucun pays ne pourra jamais défier leur domination technologique dans l'atmosphère terrestre : après tout, ils sont encore à ce jour les seuls à avoir marché sur la Lune. Peut-être plus pour longtemps.

Sûr de lui, le général américain présente une série de photos réalisées par leurs satellites dans le monde. Elles sont d'une précision remarquable.

— Vous n'aurez jamais ça. Alors, arrêtez, ce n'est pas la peine d'essayer d'aller plus loin.

Face à l'assurance américaine, le chef d'état-major des armées a poliment remercié son interlocuteur et mis un terme à l'entretien. La France développait à l'époque le projet SPOT (Satellite pour l'observation de la Terre). Ces satellites lancés à partir de 1986 ont produit des millions d'images dont certaines sont restées imprimées dans les mémoires. SPOT-4 a été le premier satellite à montrer l'immense colonne de fumée noire qui s'élevait au-dessus de Manhattan le 11 septembre 2001.

Un peu plus tard, alors qu'un projet de satellite de communication était à l'étude avec les Américains et les Britanniques, il est envisagé d'y installer une « boîte noire » avec des algorithmes propres aux Américains. Le projet prend fin rapidement, le partage étant refusé par la partie américaine.

Un autre exemple me revient à l'esprit. En 2003, alors que les Américains cherchaient les preuves d'un programme nucléaire ou chimique en Irak, la France déploie des Mirage IV au Moyen-Orient qui peuvent survoler les sites avant, pendant et après les inspections. Aucun indice n'est trouvé, ce qui permet d'en fournir la preuve aux Nations unies sous forme de photographies, alors que les avions espions américains qui survolaient la zone gardaient jalousement leurs informations.

C'est à partir de cette opposition américaine à une autonomie française que s'est développée la volonté européenne de disposer de moyens de lancement, d'observation et de communication propres.

L'espace : lieu historique de l'affrontement de la guerre froide

S'il est un endroit qui symbolise l'inaccessible dans l'esprit humain, c'est bien l'espace. La mise au point et le déclenchement de la bombe atomique par les Américains durant la Seconde Guerre mondiale ont enclenché une course à l'armement nucléaire dont la conquête de l'espace faisait partie. Cette arme définitive a installé un nouveau rapport de force fondé sur la dissuasion. Plus une puissance apparaît supérieure sur le plan technologique, plus elle est redoutée et plus sa force de dissuasion est crédible. Dans les années 1960, les États-Unis et l'URSS s'engagent dans une compétition technologique avec l'espace pour centre visible. Sa conquête suppose non seulement des développements nouveaux, mais elle marque profondément l'esprit des populations.

La conquête de la Lune matérialise cette lutte pour la conquête de l'espace entre Moscou et Washington.

Il joint l'imaginaire humain aux prouesses technologiques. C'est à celui qui sera le premier à laisser son empreinte sur la Lune. Les Russes obtiennent une longueur d'avance le 4 octobre 1957 avec l'envoi du vaisseau *Spoutnik* dans l'espace. Pour la première fois, un satellite tourne autour de la Terre. Son orbite elliptique le situe entre deux cent trente et neuf cent cinquante kilomètres de la planète bleue. Il émet alors un « bip bip », synonyme d'une performance scientifique inédite. À peine un mois plus tard, le 3 novembre, juste quatre jours avant la commémoration du quarantième anniversaire de la révolution bolchevique, les Soviétiques sont encore les premiers à envoyer un être vivant dans l'espace : la chienne Laïka. L'animal ne survit pas. Les Russes ont toujours une longueur d'avance le 12 avril 1961 quand, à bord du vaisseau *Vostok*, le cosmonaute Youri Gagarine effectue le premier vol spatial habité en tournant autour de la Terre en cent huit minutes. Les Américains redoublent d'efforts et investissent des sommes colossales pour rattraper leur retard. Cette lutte technologique et financière se double d'une guerre psychologique, les Russes donnent le change. Ils multiplient les essais et masquent leurs échecs. En 1967, *Soyouz 1* est lancé avec à son bord Vladimir Komarov. Il deviendra le « sacrifié de *Soyouz* », mort dans cette mission insuffisamment préparée. Les Russes ne veulent pas céder. Quand ils lancent *Apollo 11*, le 16 juillet 1969, les Américains découvrent stupéfaits que trois jours plus tôt, sans les prévenir, les Soviétiques ont lancé le vaisseau *Luna 15*, malgré le risque de collision ! Non habité, il doit lui aussi se poser sur la Lune. Le 20 juillet, Neil Armstrong est, avec Buzz Aldrin, le premier homme à poser le pied sur l'astre lunaire, tandis que Michael Collins reste en orbite dans le vaisseau américain. De son côté, le soviétique *Luna 15* reste en orbite lunaire pendant deux jours puis gagne la surface de la Lune pour, vraisemblablement, s'y écraser. Dans un communiqué, Moscou expose laconiquement : « Le 21 juillet, à 18 h 47 [...] la station a quitté son orbite lunaire et atteint la surface de la Lune dans le secteur prévu ; la mission de la station *Luna 15* s'est achevée à 18 h 51. » À huit cents kilomètres de là, les Américains plantent leur drapeau sur la mer de la Tranquillité. La station soviétique s'est écrasée dans un lieu dénommé la mer des Crises. Les Américains ont gagné la bataille de l'espace. Les missions soviétiques suivantes ont plus de succès et rapportent des dizaines de milliers d'images de la Lune, mais trop tard. Aucun Soviétique n'a jamais posé le pied sur l'astre lunaire. La supériorité américaine est inscrite dans l'histoire. Cette guerre titanesque entre deux puissances mondiales s'est jouée entre des héros humains qui mesuraient leurs exploits réciproques. Quand les astronautes de la mission *Apollo 11* quittent la Lune, ils laissent un mystérieux paquet sur place. Il contient notamment l'insigne de leur mission, les noms des trois astronautes de la mission *Apollo 1*, morts accidentellement en 1967 à cap Canaveral, et deux médailles. L'une rend hommage à Youri Gagarine, l'autre à Vladimir Komarov[1]. Il ne restera plus aux complotistes, relayés ponctuellement par Moscou, qu'à propager l'idée qu'il n'y a jamais eu d'alunissage.

Initialement, le programme lancé par les Américains en 1966 devait s'achever en 1975, mais il a coûté extrêmement cher – de l'ordre de deux cent cinquante milliards de dollars. La guerre du Vietnam est désormais prioritaire. La NASA est contrainte de remercier 50 000 employés sur 190 000. La course vers la Lune est terminée. George Bush relance un projet d'exploration de l'espace, en 2004, le programme *Constellation*. Mais il est abandonné en 2010 par Obama. En 2019, Trump annonce vouloir des astronautes sur la Lune en 2024. Biden maintient ce programme spatial, mais la mission *Artemis* est concurrencée par d'autres programmes, privés, comme celui d'Elon Musk. Cependant, la confron-

1. *Cf.* la série du *Monde* parue en 2019 : « La Lune, une aventure ».

tation entre superpuissances n'a pas disparu ; elle s'est déplacée dans un autre domaine : les satellites espions.

Surveiller ses ennemis sans être pris

La course aux armements engendrée par la guerre froide impose de développer des moyens permettant de connaître les avancées de l'autre bloc sur le plan nucléaire ou militaire. Les premières photos de reconnaissance depuis un satellite sont obtenues par les Américains en 1960. Les images sont moins précises que celles d'un avion de reconnaissance, mais elles ont l'avantage d'être beaucoup plus nombreuses. De plus, un satellite ne court pas le risque d'être intercepté par un avion de chasse ennemi et son pilote capturé. C'est ce qui s'est passé en mai 1960, quelques jours avant un sommet Est-Ouest, au-dessus de l'Union soviétique. Les Américains voulaient évaluer les sites de missiles balistiques intercontinentaux des Russes, et si possible leur capacité de production d'armes nucléaires. L'avion, un Lockheed U-2, est repéré par Moscou, mais il vole trop haut pour être intercepté par des chasseurs. Il est abattu par un missile. Le pilote, qui a sauté en parachute, est arrêté. Le sommet entre Khrouchtchev et Eisenhower, prévu à Paris, est annulé. Les Américains nullement refroidis accélèrent encore le développement des satellites espions. Le National Reconnaissance Office est créé en 1961 pour développer le programme américain de satellites de reconnaissance. Progressivement, la durée de vie de ces engins spatiaux et le nombre de capsules de retour contenant les images augmentent. À partir de 1976, les images sont numérisées et transmises quasiment en temps réel. En 1988, les satellites de reconnaissance radar à synthèse d'ouverture permettent de choisir de couvrir une grande surface ou une surface inférieure plus détaillée.

En 1983, le président Ronald Reagan annonce l'ISD, l'Initiative de défense stratégique, dans un discours sur l'empire du Mal qui fait date. Le président américain y lance le projet désigné par la presse comme « la guerre des étoiles ». Il s'agit d'un bouclier constitué de laser et de missiles dans l'espace, destiné à déjouer d'éventuels tirs de missiles intercontinentaux ou lancés depuis des sous-marins par les forces soviétiques. Cette « guerre des étoiles » nécessite un effort financier gigantesque et contribue probablement à la chute de l'Empire soviétique qui est distancé. La détente, période qui suit l'effondrement soviétique, entraîne une baisse de l'ordre de 20 % du budget du projet. Il est réorienté par George Bush en 1991 en tant que bouclier antimissiles contre une attaque non autorisée, accidentelle ou limitée, avant d'être abandonné par Bill Clinton en 1993 au profit d'un système au sol. Une attaque massive à partir de l'espace ne paraît plus envisageable.

L'URSS a également recours à des satellites espions, mais son éclatement en 1992 réduit sa capacité à assurer une couverture continue. De nouveaux venus font leur apparition dans l'espace. La Chine a lancé ses satellites pour surveiller la flotte américaine autour de Taïwan. D'autres pays comme l'Allemagne, l'Italie, la Grande-Bretagne, le Japon, Israël, l'Inde, le Maroc ou la Turquie ont mis au point leur satellite d'observation. L'enjeu est de disposer de ses propres informations, mais il est aussi indispensable de pouvoir lancer ses satellites. La France et l'Europe, que l'on aurait pu croire distancées par la puissance américaine, sont parvenues à tirer leur épingle du jeu.

Création d'Arianespace

Dans les années 1960, les Européens veulent être en capacité de mettre des satellites en orbite sans avoir à dépendre des États-Unis ou de l'Union soviétique. Le premier projet de lanceur spatial est créé, dès les années 1960, avec Europa. Reprenant le missile balistique abandonné par le Royaume-Uni, il associe la France, l'Allemagne, l'Italie et l'Australie.

Mais le projet est un échec. Le programme *Ariane* est alors élaboré autour d'une dizaine de pays européens en 1973 sous l'impulsion de la France. Pour maintenir une cadence de lancements nécessaire à une production industrielle fiable, il est décidé de proposer des lancements commerciaux. Arianespace est créée avec cet objectif en 1980. L'entreprise est choisie par Intelsat, premier opérateur mondial, pour lancer plusieurs de ses satellites. Très vite, plusieurs versions de la fusée *Ariane* sont proposées pour répondre aux besoins des opérateurs. Une version plus puissante, pour emporter deux satellites en un seul vol afin de concurrencer la navette américaine ; une version intermédiaire pour la mise sur orbite d'un seul satellite plus lourd. En 1986, *Challenger* se désintègre en plein ciel, soixante-treize secondes après son décollage. Suite à cette tragédie, les navettes américaines sont clouées au sol pendant plus de deux ans et demi. La NASA renonce aux lancements commerciaux. Arianespace se retrouve quasiment seule sur le marché. Le nombre de mises en orbite par le lanceur européen augmente alors considérablement, pour atteindre onze à douze vols par an à partir de 1995. Le système de lanceurs *Ariane* a été un grand succès. Ce programme européen a permis de mettre sur orbite plusieurs types de satellites indépendamment des États-Unis ou de la Russie, même s'il a fallu recourir aux fusées *Soyouz* pendant quelque temps. La France a déployé ses satellites de communication ou météorologiques, ceux qui font de l'imagerie civile comme *SPOT*, ou militaires comme *Hélios*, et les *SIGINT* qui captent les réseaux radio et peuvent ainsi détecter une concentration de présences militaires partout dans le monde. Cependant, à partir de l'échec du vol inaugural d'*Ariane 5* en 1996, cette suprématie européenne est progressivement contestée par l'apparition de sociétés commerciales. La compagnie ILS (International Launch Service), association d'entreprises américaines et russes, commercialise les services du lanceur russe *Proton* pour des opérateurs civils ou militaires depuis la base de Baïkonour au Kazakhstan. D'autres opérateurs sont désormais présents. Sea Launch opère ses lancements depuis une plateforme flottante, Ocean Odyssey, dans le sud du Pacifique. Ses capitaux sont d'abord norvégiens, russes, américains et ukrainiens, mais après sa mise en faillite en 2009, elle reprend son activité en 2011 avec uniquement des capitaux russes. La coentreprise américaine ULA (United Launch Alliance) n'arrive quant à elle sur le marché qu'en 2006. Elle utilise les lanceurs existants, dont les moteurs sont russes, pour des missions gouvernementales américaines. ULA a créé son propre lanceur, *Vulcan*, dont le premier vol a eu lieu en janvier 2024. Le Japon a pris pied dans le secteur au début des années 2000, mais il propose trop peu de créneaux de lancement pour être concurrentiel. La Chine, elle, est sur les rangs depuis les années 1960 avec ses lanceurs *LM* (*Longue Marche*). Elle a même mis sur orbite des satellites américains dans les années 1990, avant que les tensions entre les deux pays ne mènent à des sanctions états-uniennes contre l'empire du Milieu.

La société SpaceX d'Elon Musk amène une vraie révolution en plaçant les sociétés privées en tête dans la conquête de l'espace, devant les organisations gouvernementales. En 2023, les États-Unis ont opéré 107 lancements, dont 96 de la société SpaceX d'Elon Musk, devant les 67 opérés par la Chine, 19 par la Russie, 7 par l'Inde et 3 par le Japon, dont un échec. L'Europe n'a effectué que trois tirs en 2023, l'année 2022 ayant été particulièrement noire pour Arianespace. En mars, l'exploitation du lanceur russe *Soyouz*, en Guyane, est arrêtée à la suite de l'invasion de l'Ukraine par la Russie. Cette coopération, commencée en 2011, aurait dû durer jusqu'à fin 2023. La fusée russe permettait de lancer des satellites plus petits que ceux d'*Ariane 5* et plus gros que ceux de *Vega*. L'année 2022 s'est achevée sur une autre déconvenue de taille, en décembre, avec l'accident subi par le lanceur polyvalent *Vega-C* pour son premier vol commercial, le troisième crash en vingt-deux vols de cette famille de lanceurs. Ces déboires sont survenus alors que le projet *Ariane 6* prenait du retard tandis qu'au terme de vingt-sept années d'exploitation, *Ariane 5* partait en retraite. Le vol inaugural d'*Ariane 6* s'est effectué avec succès ce 9 juillet 2024, soit avec quatre ans de retard. Malgré tout, le carnet de commandes de la fusée européenne est plein, ce qui permet de ne pas céder au pessimisme. Le retour en vol de *Vega-C* est également prévu avec le lancement de la mission d'étude du vent solaire dans le cadre d'une collaboration sino-européenne qui devrait mettre en orbite le satellite dédié (*Smile*) en 2025.

Au printemps 2024, la politique spatiale européenne n'est cependant pas flamboyante. Notre service de lancement de satellite est sérieusement concurrencé par SpaceX. La firme d'Elon Musk prévoit cent quarante lancements en 2024. Galileo, qui pourrait concurrencer le système de positionnement américain GPS, est opérationnel depuis 2016. Mais il ne sera pleinement déployé qu'en 2024. Faute d'*Ariane 6*, c'est l'américain SpaceX qui a lancé deux nouveaux satellites pour la constellation européenne avec un *Falcon 9* en avril 2024. Un autre lancement est prévu avec SpaceX, les suivants devraient pouvoir compter sur *Ariane 6*. Le programme Copernicus, dédié à l'observation du climat et ses conséquences, a été lancé en 1998 et son premier satellite *Sentinel* mis en orbite en 2014. Vingt autres devraient le rejoindre d'ici à 2030. Un troisième programme européen est prévu, *Iris 2*, mais il a pris du retard. Cette future constellation fondée sur un partenariat public (pour les usages militaires) et privés permettra à l'Europe de disposer de son propre réseau de satellites de distribution Internet. Mais le versant privé apparaît bien trop cher, pas assez ouvert aux start-up et sans doute trop français aux yeux des Allemands qui rechignent. La politique spatiale est un domaine où le manque de fluidité du couple franco-allemand pèse lourd. D'ailleurs la récente décision allemande de casser le contrat avec Arianespace afin d'assurer le lancement du satellite météo *MTG-S1* d'Eutelmetat par SpaceX en est un exemple.

La fusée la plus puissante à ce jour est donc celle des Américains, *Artemis I*, qui a décollé en novembre 2022. L'ESA (Agence spatiale européenne) est partenaire du projet qui doit se poursuivre en novembre 2024 avec *Artemis II* et le premier vol habité de la capsule *Orion*. L'engin spatial devrait tourner pendant une dizaine de jours autour de la Lune avec quatre astronautes à son bord. *Artemis III* devrait permettre à des humains de poser à nouveau le pied sur la Lune en 2025.

La course à la conquête spatiale a donc considérablement évolué depuis la fin de la guerre froide. Les objectifs militaires se sont étendus à des considérations civiles : communication, observations météorologiques, évolutions de la planète, systèmes de sauvetage. Les coopérations sont désormais nombreuses entre anciens adversaires. Le lancement d'un satellite est devenu un service commercial comme un autre, chaque État ou opérateur étant libre de définir et mettre au point la mission de ses propres satellites. Cependant, cette bonne entente ne dissipe pas la méfiance entre puissances concurrentes. Aux deux blocs de la guerre froide, a succédé un monde multipolaire dans lequel la Chine occupe une place prépondérante.

Une nouvelle guerre des étoiles ?

Le traité sur l'espace[1] a été ratifié en 1967, à l'époque de la course à la Lune menée par les États-Unis et l'URSS. Il garantit l'accès à l'espace extra-atmosphérique, prévoit la non-militarisation de la Lune et interdit la mise sur orbite ou le test dans

1. Traité sur les principes régissant les activités des États en matière d'exploration et d'utilisation de l'espace extra-atmosphérique, y compris la Lune et les autres corps célestes.

l'espace de toute arme de destruction de la Terre, y compris nucléaire. L'espace ne doit pas être un champ de bataille. Les satellites envoyés dans l'espace observent tout le monde mais ne menacent personne. Ils surveillent et évaluent les capacités de l'ennemi sans interférer.

En 2001, la Chine faisait partie des pays hostiles aux États-Unis. Washington n'ignorait pas le développement d'armes antisatellites par Pékin, mais leur utilisation n'était pas envisagée. Après le 11 septembre 2001 et les conflits en Afghanistan et en Irak, la menace chinoise est donc passée au second plan. Pourtant, le 11 janvier 2007, les voyants clignotent à nouveau en rouge. Un missile de l'empire du Milieu a été capable de détruire un de ses anciens satellites météo évoluant sur une orbite haute, à environ huit cent quatre-vingts kilomètres de la Terre. La Chine confirme son test. Pour les États-Unis, Pékin a franchi un cap décisif. La réussite de ce tir de missile signifie que la Chine est en mesure de s'opposer à Washington en cas de conflit à propos de Taïwan. Déjà, en septembre de l'année précédente, un satellite américain avait été « illuminé » par un laser chinois au sol. Les autorités chinoises minimisent la destruction de leur satellite météorologique et prétendent simplement combler leur retard dans un domaine lié à leur propre sécurité. Mais aux yeux des Américains, un autre scénario se dessine. Un scénario de guerre selon lequel, après avoir détruit des satellites d'observation, la Chine pourrait « aveugler » la flotte et paralyser les systèmes de communication américains, tout en déployant ses missiles afin de tenir à distance les bâtiments de l'US Navy. Les Pentagon Links ont effectivement dévoilé la mise en place d'armes chinoises destinées à perturber les systèmes spatiaux adverses. De fait, en janvier 2007, la course à l'armement a repris, avec l'espace comme terrain d'affrontement. La première guerre du Golfe, en 1990 et 1991, a déjà établi que la maîtrise d'opérations militaires au sol passe par l'espace. Après l'avertissement chinois, les Américains ont relancé leur programme de missiles antisatellites. Ils ont réalisé un tir contre une cible réelle, un satellite espion américain en perdition. Il a été détruit alors qu'il se trouvait à deux cent quarante-sept kilomètres d'altitude en février 2008. Désormais, la Chine est le grand adversaire des Américains, sans que cela élimine pour autant la Russie.

L'administration Poutine considère les satellites et leurs systèmes de communication comme des cibles de choix. Après la fin de la guerre froide proprement dite, Moscou avait laissé de côté ses programmes spatiaux, mais depuis 2014 et l'annexion de la Crimée, la Russie les a relancés. La preuve en est : quelques heures avant de lancer ses chars à l'assaut de l'Ukraine en 2022, la Russie avait pris soin de déclencher une cyberattaque contre le réseau américain Viasat dont dépendait l'armée ukrainienne. Plusieurs dizaines de milliers de modems ont été neutralisés, jusqu'en Europe de l'Ouest.

Bien avant cela, en 2019, en contradiction avec les règles d'usage dans le domaine spatial, qui veut que tout objet devant être placé en orbite doive au préalable être immatriculé auprès du secrétariat général des Nations unies, Moscou avait lancé des « poupées russes » satellitaires. Le satellite qui avait été envoyé était capable de libérer dans l'espace deux autres petits satellites non immatriculés. Trois mois avant l'attaque en Ukraine, un satellite « inspecteur » avait été mis sur la trajectoire d'un satellite de surveillance américain. Depuis, les provocations russes se multiplient. En mai 2024, le Pentagone révélait le déploiement d'une arme spatiale russe sur la même orbite qu'un satellite du gouvernement américain, autrement dit, un engin capable d'attaquer d'autres satellites en orbite terrestre basse. La régulation de l'espace subit les effets de cette nouvelle bataille. Fin avril 2024, la Russie met son veto à un projet de résolution proposé par les États-Unis et le Japon. Il appelait à « ne pas mettre au point d'armes nucléaires ou d'autres types d'armes de destruction massive » dans l'espace extra-atmosphérique. Deux mois plus tôt, la Maison Blanche s'inquiétait de l'éventuel développement d'une arme spatiale russe pouvant mettre hors d'usage des satellites américains par le biais d'une explosion nucléaire extra-atmosphérique, provoquant des radiations sans effet de souffle ou de chaleur. Le 20 mai 2024, la Russie reprend cette résolution en y ajoutant d'autres éléments contestables. La résolution est rejetée par le Conseil de sécurité. Les États-Unis défendent une régulation de l'espace à travers des normes de comportements. La Russie et la Chine la contestent car les deux pays estiment être sous la menace américaine. Ils s'efforcent de rattraper leur retard afin de réduire la suprématie états-unienne. Mais dans cette nouvelle guerre froide spatiale, les acteurs ont évolué. L'espace n'est plus seulement entre des mains militaires ou des institutions gouvernementales. Les acteurs privés sont désormais partie prenante de la conquête de l'espace, de son exploitation, y compris dans les conflits.

Arrivée des opérateurs privés

Quand la Russie a paralysé les moyens de communication par satellite de l'armée ukrainienne, c'est un opérateur privé, SpaceX, qui a volé au secours de Kiev. L'entreprise fondée par Elon Musk a déployé plus de quarante-deux mille terminaux Starlink sur le territoire ukrainien, selon le *New York Times*. Les combattants ont ainsi pu bénéficier de ce système de communication par satellite, essentiel à leurs forces armées. Ils peuvent échanger des images de drones en temps réel ou communiquer quand les services de téléphonie sont interrompus.

En Ukraine, SpaceX a démontré sa puissance. Plus globalement, la constellation de satellites d'Elon Musk rivalise avec les solutions des télécoms terrestres ou maritimes. Elle présente l'avantage de couvrir une plus grande partie du globe et d'atteindre des zones moins accessibles aux réseaux classiques.

Avec les fusées *Falcon 9* dont le premier étage revient automatiquement à sa base de départ, le magnat américain est capable de proposer un service d'envoi de satellites adapté en fonction des besoins de ses clients, qu'il s'agisse de capsules de ravitaillement, d'astronautes, ou de satellites plus ou moins lourds.

Devenue un espace ouvert à tous les services, l'atmosphère terrestre offre des opportunités à de nombreux concepteurs dans tous les pays du monde. La Nouvelle-Zélande a conçu un lanceur (*Electron*) capable de revenir sur terre après sa mission pour y être récupéré par un simple crochet tenu par un hélicoptère. Ces lanceurs réutilisables abaissent considérablement le prix du lancement. Le flux des orbites basses, à quelques centaines de kilomètres au-dessus de la Terre, est particulièrement prisé. À côté de l'ESA, l'Agence spatiale européenne, en France, des start-up se lancent sur les segments prometteurs de ce marché. La société Venture Orbital System est en train de mettre au point un microlanceur, sorte de fusée miniature de seulement 17 mètres de long quand *Ariane 5* en mesurait 55 et qu'*Ariane 6* atteint 62 mètres. Les microlanceurs suivent l'évolution de la taille des satellites. Les microsatellites dépassaient juste les 100 kg, les nanosatellites se situent autour des 10 kg. Une autre entreprise française, Agreenculture, propose de guider par satellite des machines agricoles autonomes. La précision au sol inférieure à 1 cm permettrait de programmer les tâches d'entretien telles que le désherbage.

L'espace est désormais le lieu d'affrontement d'une guerre d'une nouvelle nature car les acteurs se sont multipliés. Il n'y a plus seulement deux blocs, comme au temps de l'URSS face aux États-Unis ; il faut désormais compter avec la montée en puissance d'autres États, comme la Chine qui aspire à devenir un leader mondial, ou de l'Inde à la recherche de revenus commerciaux. Tous les États qui ne disposent pas de lanceurs mais qui veulent envoyer leurs propres satellites dans l'espace sont des clients potentiels. Quant à l'Europe, après avoir occupé le devant de la scène, elle doit se remettre des avanies subies ces derniers temps pour rester dans la course. Les prochaines années seront déterminantes.

Cette évolution tous azimuts s'accompagne logiquement de nouveaux risques.

Le New Space

Le concept de New Space est apparu dans les années 2000 pour qualifier l'émergence de nouveaux acteurs de l'industrie, du commerce et de la recherche dans l'espace. Un concept qui traduit aussi des inquiétudes.

La première inquiétude est stratégique. Par définition, un satellite tourne autour de la Terre. Il survole tous les pays et toutes les installations présentes au sol, y compris celles qui sont censées rester discrètes. Les satellites capables d'analyser toutes sortes de données peuvent repérer les mouvements ou les concentrations de communication n'importe où dans le monde, et donc la position des belligérants d'un conflit. Ils permettent également de constater à distance ce qui se passe au sol. Après le massacre de Boutcha, Moscou a accusé les Ukrainiens d'avoir mis en scène des cadavres de civils après le départ des troupes russes. Cette version a été contredite par les images satellites de la société américaine Maxar

Technologies qui prouvent la présence simultanée des corps et des troupes du Kremlin.

Les opérateurs privés peuvent obéir à des logiques différentes de celles des États. Les Ukrainiens, ravis des services de Starlink, ont ensuite protesté quand, lors de l'offensive sur Kharkiv, le réseau a brusquement cessé de fonctionner. Certains responsables ukrainiens ont soupçonné SpaceX d'avoir intentionnellement coupé son service. Cela n'a pas été confirmé, mais certains experts rappellent les commentaires d'Elon Musk en 2022 qui évoquait une coupure de ses services si l'Ukraine attaquait des cibles en Russie. D'après l'une des biographies qui lui sont consacrées[1], le milliardaire aurait coupé le réseau de communication des drones ukrainiens dirigés contre la flotte navale russe au large de la Crimée par crainte que la riposte russe n'entraîne un « mini Pearl Harbor » avec l'usage d'armes nucléaires. La puissance d'un seul opérateur civil dans le cadre d'un conflit de cette ampleur peut paraître inquiétante. Toutefois, l'argent restant le nerf de la guerre, Elon Musk ne fournit pas ses services gratuitement et l'administration américaine, qui règle la facture, est pour l'instant en mesure d'orienter les décisions du milliardaire.

---

1. Walter Isaacson, *Elon Musk*, Paris, Fayard, 2023.

L'autre grande inquiétude liée à la transformation de l'espace en un vaste marché ouvert à l'innovation est le risque d'encombrement. L'espace est comme une route sur laquelle chacun tourne en rond dans son couloir, sans jamais percuter les autres. Sauf accident, décision ou agression volontaire, ce qui ne peut pas être exclu. Il y aurait aujourd'hui cent trente millions de débris de taille supérieure à un millimètre en orbite, dont ceux du satellite météo détruit par les Chinois, et qui devraient y rester près d'un millier d'années. Cependant, chaque destruction pollue plusieurs orbites de satellites au risque de créer une réaction en chaîne incontrôlable, connue sous le nom du syndrome de Kessler[1]. Une simple écaille de peinture de quelques milligrammes lancée à 28 000 km/h – la vitesse des éléments en orbite – produirait un impact supérieur à celui d'une balle tirée à bout portant par un .44 Magnum. Des solutions sont étudiées pour guider les débris de satellites ou dévier leur trajectoire. La start-up française Spaceable s'est spécialisée dans la détection et le suivi de ces débris.

La grande concentration de satellites dans l'espace peut aussi donner l'envie de pirater leurs données sur

1. Le syndrome de Kessler est un scénario dans lequel le volume des débris spatiaux atteint un seuil où la fréquence des collisions rend l'espace inutilisable.

place. Plusieurs signaux ont poussé la France à créer le Commandement de l'espace, le 3 septembre 2019, afin de disposer d'une défense spatiale renforcée et d'une autonomie stratégique spatiale. L'année précédente, la ministre des Armées, Florence Parly, avait révélé que, en 2017, un satellite russe (*Loutch-Olymp*) avait tenté d'espionner le satellite franco-italien *Athena-Fidus*. Ce type de satellite « butineur », qui se promène dans l'espace, est observé avec une grande attention. La même année, les États-Unis avaient constaté le comportement qualifié de « très anormal » d'un « objet spatial » déployé par la Russie. La ministre française avait confirmé que « d'autres très grandes puissances spatiales déploient en orbite des objets intrigants, expérimentent des capacités potentiellement offensives, conduisent des manœuvres qui ne laissent guère de doute sur leur vocation agressive ».

En 2023, il y aurait environ deux mille neuf cents satellites déployés en orbite, après deux cent onze lancements réussis dans l'année. Or, ces lancements sont plus nombreux chaque année : + 17 % en 2023 par rapport à l'année précédente, qui avait été marquée par une augmentation de 36 %. Leur nombre devrait logiquement augmenter, mais aussi leur nature. Elon Musk a déjà envoyé une Tesla dans l'espace en 2018. Elle tourne entre Mars et Vénus à plus de 25 km/s. Cela va durer un temps quasi infini. La voiture aurait

11 % de chances de s'écraser sur la Terre d'ici à trois millions d'années.

Des câbles sous-marins vulnérables

La reprise des vols à destination de la Lune, l'augmentation du nombre d'engins spatiaux mis en orbite, le développement des micro- et des nano-satellites marquent les limites de l'utilisation de l'espace. La multiplication des services offerts par de nouveaux opérateurs de télécoms et les agissements suspects de satellites venant espionner d'autres engins conduisent à penser que la prochaine bataille pour la maîtrise des communications essentielles à l'indépendance et à la sécurité d'un pays ne se jouera pas seulement dans l'espace. En effet, la majorité des échanges d'informations ne s'effectue pas dans le ciel mais dans les tuyaux d'Internet que sont les câbles sous-marins : 99 % du trafic international passent sous l'eau. Un flux qui à 80 % transite par les États-Unis. Le nombre de câbles sous-marins augmente tous les ans. On en dénombrait 263 en 2014, 378 en 2019, 406 en 2020. Pourquoi le câble sous-marin est-il préféré au satellite ? Parce qu'il est plus rapide. La transmission par satellite prend plus de temps, 0,24 seconde l'aller-retour entre la Terre et un satellite géostationnaire. Ces câbles appartiennent à quelques sociétés :

Vodafone, Verizon ou Orange. Alcatel Submarine Network (ASN), entreprise française appartenant au groupe Nokia, est l'une des premières dans le monde pour la fabrication et la pose de ces câbles sous-marins, avec l'américaine TE Subcom et la japonaise NEC. Elle a installé plus de huit cent mille kilomètres de câbles au fond des mers. L'État français vient de se porter acquéreur d'ASN. Avec Orange Marine et désormais l'ASN, acteur complètement intégré dans le secteur des câbles sous-marins, la France dispose dans son giron de la plus importante flotte de navires câbliers dans le monde. De son côté, grâce à sa situation géographique, le Royaume-Uni forme une sorte de plaque tournante où transitent la quasi-totalité des échanges entre l'Europe et le continent américain.

Sur ce réseau, le risque d'espionnage est pris au sérieux. Dès 2013, le projet de déploiement d'un câble transatlantique de l'entreprise chinoise Huawei a été bloqué. Washington craignait que le flux d'informations passant par le câble d'un opérateur chinois soit surveillé de trop près par Pékin. Récemment, en 2024, la Commission européenne s'est inquiétée[1] de la vulnérabilité de ces câbles. Des navires russes ont été repérés ces dernières années, rôdant autour

1. Rapport de la Commission publié en février 2024, consultable sur le site europa.eu.

des liaisons sous-marines. Il suffirait de couper un ou plusieurs câbles pour perturber fortement Internet, voire en priver l'Europe. Les conséquences seraient considérables sur tous les plans, le fonctionnement de nos sociétés étant dépendant d'Internet. Les données des Gafam sont stockées aux États-Unis, et sans câble, il deviendrait impossible d'y accéder. Nous devons nous interroger sur cette vulnérabilité et sur cette dépendance vis-à-vis des Américains, qui sont certes des alliés, mais dont nous ne partageons pas toujours les intérêts, et réciproquement.

Le livre blanc de la Commission européenne préconise d'établir une cartographie précise de l'installation de ces câbles, pour mieux évaluer les risques, et intervenir rapidement en cas d'incident grâce à une flotte européenne de navires de maintenance.

La circulation de l'information constitue le vecteur majeur de la mondialisation. Les opérateurs privés ont pris le relais des États et ont permis des avancées technologiques considérables. Ils peuvent renforcer les actions en cas de conflit. Que serait devenu le conflit ukrainien, si Starlink n'avait pas permis à cette démocratie d'organiser son armée face à Moscou ? Les États continuent de tenir un rôle majeur et les États-Unis, la Russie, la Chine, l'Inde, sont au cœur de ce nouvel équilibre mondial où l'Europe cherche à jouer sa partie. Tous ne partagent pas la même conception de la régulation et de la sécurité. Les États-Unis envisagent un grand espace de liberté où s'expriment des acteurs publics et privés propres à imposer la puissance américaine, tandis que la Russie et la Chine veulent la maîtrise d'un système qu'ils cherchent absolument à fermer. L'Europe privilégie la liberté mais se préoccupe aussi de la régulation de l'ensemble.

L'équilibre entre ces différentes actions n'est pas encore établi, mais les nouvelles technologies vont jouer un rôle majeur dans les rapports de force. En fin de compte, celui qui arrivera à maintenir son avance technologique continuera à dicter ses règles au reste du monde.

12.

La communication

Compte tenu de mes multiples implications avec l'ONU, j'interviens depuis plusieurs années sur quelques chaînes d'information dès qu'une crise survient dans le monde (Afrique, Moyen-Orient...). Cela me permet de dire aux journalistes : « Lorsque vous me voyez arriver, c'est qu'il y a un problème. » Avec la Covid-19, les médecins se succédaient sur les plateaux. Dès que la Russie a attaqué l'Ukraine, ils ont été remplacés par les anciens militaires. Je n'ai pas échappé à cette règle. Le 24 février 2022, ma vie a changé. Les émissions d'information sur LCI, France 24 ou sur France 5 (« C dans l'air »), les radios et journaux m'appellent quotidiennement pour apporter un éclairage militaire mais aussi géopolitique. À l'étranger, la Belgique, la Suisse, le Canada et le Royaume-Uni mais aussi les pays du Golfe sont parmi ceux qui m'interrogent le plus souvent.

On ne peut pas traiter de la guerre en Ukraine sans prendre une position de principe qui condamne l'agression russe tout en essayant objectivement de décrypter l'évolution de la situation sur le terrain. Pour cela il faut d'abord être bien informé. Du côté américain avec ISW[1], dont le bulletin quotidien fournit une information bien documentée, du côté russe, les réseaux locaux (traduits par une amie professeure de russe) qui donnent une perception toute différente. Enfin, un réseau personnel en Afrique, en Chine, Turquie, Israël et au Moyen-Orient me permet d'avoir une vision très large et diversifiée.

La surveillance des réseaux sociaux conduit à constater que les fausses informations (les fameuses fake news) prospèrent. Ces nouvelles se répandent à grande vitesse, très fréquemment à cause d'un manque de volonté de vérifier les informations pour s'en tenir à des idées préétablies. Toutefois, un certain nombre de perceptions alternatives sont intéressantes car elles remettent en cause des certitudes et incitent à des recherches pour essayer d'établir la vérité.

Le fait d'être très présent sur les écrans et à la radio conduit naturellement à être l'objet d'attaques parfois violentes. Je dois reconnaître que ma nature optimiste me permet de ne pas retenir ces attaques, souvent outrancières, et de ne mémoriser que les remerciements spontanés de personnes de tous horizons. Les séances de signatures lors de la sortie de mon premier livre m'ont d'ailleurs donné l'occasion de merveilleuses rencontres où le besoin de comprendre et d'essayer de tracer une perspective était au centre des conversations. Paris, Chambéry, Troyes, Rennes, Avignon, Annecy, Vichy, Neuilly-sur-Seine,

1. Institute for the Study of War.

Mulhouse, Le Havre, mais aussi Milan, Zurich, Bruxelles ou Lisbonne sont autant de lieux qui me permettent de rencontrer des entrepreneurs, des étudiants, des retraités, des financiers ou de simples citoyens. Toutes ces rencontres sont autant d'occasions de discuter, souvent de clarifier des points, et d'essayer de redonner l'espérance.

Une histoire de l'information très française

L'homme a toujours cherché à développer ses moyens de communication par le langage, l'échange d'objets matériels qui traduisent le degré de respect ou d'intérêt entre les protagonistes, l'échange de savoirs ou de croyances, ou bien l'utilisation de supports pour transmettre des informations par des images, des signes, puis par l'écriture et enfin l'image. Toutes ces formes de communication datent de l'*Homo sapiens*, il y a cent mille ans. Après l'écriture, l'imprimerie fut une première révolution ; la télécommunication, l'échange de données virtuelles sont très récentes.

La notion d'information existe en latin : *informatio*, du verbe *informare*, « donner forme à ». Donner une forme revient à donner vie ou une âme à un objet ou une idée. Au XIIIe siècle, le mot *informacion*, en vieux français, est employé dans un sens judiciaire pour désigner le recueil de renseignements afin de former un jugement. La notion de communication de connaissances n'apparaît qu'au XIVe siècle, au moment où les échanges s'accélèrent du fait de la croissance des États et des guerres. Il devient nécessaire de former la population à la vérité du pays. En 1477, Louis XI organise les relais de la poste royale pour parfaire sa connaissance du royaume. La direction d'un État va de pair avec la connaissance de l'état d'esprit des habitants, qui forme déjà une opinion. Les révoltes de paysans se propagent, par voie orale, d'une région à l'autre. Après l'invention de l'imprimerie par Gutenberg en 1450, le développement des gazettes marque l'essor de la presse et du journalisme. Diffusées à travers l'Europe, elles livrent une information internationale et s'enrichissent progressivement d'analyses et d'opinions. Théophraste Renaudot crée la *Gazette* en 1631 avec un privilège de monopole qui oblige ses concurrents à imprimer leurs publications en Hollande, mais toujours en français. C'est ainsi que le français devient la langue des élites européennes et de la diplomatie. *Le Mercure historique et politique* s'est ajouté à *La Gazette* en 1686. Le premier d'entre eux est imprimé à Leyde, aux Pays-Bas. Le fascicule, d'une centaine de pages, propose une analyse des événements survenus en Europe chaque mois, avec des pièces justificatives. Cette « histoire abrégée » distingue entre le récit des faits et leur interprétation, pour livrer un panorama de l'actualité politique européenne. Ce type de publications se multiplie et elles sont bientôt interdites, y compris en France, car jugées subversives. *Le Mercure* entend dévoiler les véritables intentions des gouvernants par ses interprétations. Chacune des publications a une orientation politique spécifique, ce qui marque les débuts de la presse d'opinion en France.

Après l'écriture, la grande étape suivante dans la communication est celle de la radio. L'information mensuelle devient quotidienne, avec toujours un laps de temps nécessaire entre le temps de l'événement et celui de son compte rendu. Avec la radio, l'information devient simultanée[1]. Pendant la Seconde Guerre mondiale, depuis Londres, la radio offre une alternative à la propagande allemande ou de Vichy. L'arrivée de la télévision donnera à voir ce que les reporters ne pouvaient que raconter ou faire entendre. Le circuit de l'information d'actualité est marqué par cette complémentarité : la radio annonce les nouvelles, la télévision les montre, la presse écrite les

1. Elle peut même avoir une influence sur les événements comme ce fut le cas lors du putsch de 1961 en Algérie. Les transistors largement distribués ont informé directement les soldats du contingent, qui ont refusé le putsch.

commente. L'information est toujours distribuée par des médias, adossés à des structures solides, qui touchent des millions de personnes, en fonction d'une hiérarchie de l'information fondée sur l'orientation des journaux, y compris ceux qui se veulent généralistes. La distinction entre les faits et le commentaire s'impose toujours en Europe et aux États-Unis. La première mise en récit relevait des agences de presse comme l'AFP (Agence France-Presse) en France. Les autres organes de presse développaient ensuite les récits, en fonction de leur sensibilité ou de leur spécificité économique, sociale, culturelle ou sportive. Les opinions étaient diverses à partir d'un socle commun. L'information « faisait société ». Avec la numérisation, cet équilibre a été bousculé. L'espace informationnel est devenu une zone à occuper aux dépens d'un socle factuel commun. La culture de l'information doit désormais se développer différemment pour occuper cet espace. Le récit s'écrit en temps réel. Le lecteur ne choisit plus un journal, mais clique sur certains articles en ignorant les autres. Le nouveau système de l'information a tendance aussi à supprimer la distinction entre un fait et une opinion.

La presse hiérarchise désormais ses sujets en fonction des réactions de son public, selon les ventes et surtout les pratiques analysées par les algorithmes. Or, l'émotion génère davantage de réactions que la réflexion. L'émotion prend d'ailleurs de plus en plus de place dans le débat public et la presse. Une donnée parfaitement analysée par les créateurs de fausses informations, qui savent également que celles-ci circulent six fois plus vite que les vraies. L'émotion et le commentaire prennent ainsi le pas sur le récit factuel, jusqu'à l'utilisation de la désinformation comme un outil d'influence et une arme de guerre.

La désinformation, une arme de guerre

La désinformation est aussi vieille que l'information. Les premières techniques de désinformation ont été décrites par le grand Sun Tzu[1] au IVe siècle av. J.-C. « Le grand secret de venir à bout de tout consiste dans l'art de savoir mettre la division à propos », assure-t-il. Le stratège chinois distingue cinq sortes de divisions. La « division dans les villages » consiste à détacher du parti ennemi les habitants afin de pouvoir s'en servir. « La division extérieure » s'appuie sur la trahison des officiers du camp adverse. « La division entre les inférieurs et les supérieurs » profite de la mésintelligence mise entre les alliés. « La division de la mort » résulte de la diffusion

1. Sun Tzu, *L'Art de la guerre*, Paris, Flammarion, « Classiques », 2017.

de faux avis qui influencent à notre profit les décisions du dirigeant du camp adverse. « La division de vie » est la récompense largement répandue sur ceux qui sont passés de votre côté. « Si les ennemis qui sont actuellement occupés à vous faire la guerre ont à leur service des officiers qui ne sont pas d'accord entre eux ; si de mutuels soupçons, de petites jalousies, des intérêts personnels les tiennent divisés, vous trouverez aisément les moyens d'en détacher une partie, car quelque vertueux qu'ils puissent être d'ailleurs, quelque dévoués qu'ils soient à leur souverain, l'appât de la vengeance, celui des richesses ou des postes éminents que vous leur promettez suffiront amplement pour les gagner », précise Sun Tzu qui conclut : « Une armée sans agents secrets est un homme sans yeux ni oreilles. » Ces préceptes demeurent d'une pertinence certaine dans la période contemporaine, comme ils l'ont été tout au long de l'histoire. Les maîtres d'aujourd'hui en la matière en ont parfois été les victimes les plus amères.

Peu avant l'invasion de l'Ukraine, Sergueï Lavrov a accusé la Grande-Bretagne d'avoir écrit le faux testament de Pierre le Grand. Dans ce document attribué au dirigeant russe, paru à Paris en 1812, le tsar conseillait à ses successeurs de s'allier en secret à la France de Napoléon et à l'Empire autrichien, puis de laisser les deux puissances s'affronter avant d'achever le pays survivant. L'Europe de l'Ouest se servira longtemps de ce document pour entretenir la méfiance envers Moscou. Ce n'est qu'au XXe siècle que le véritable auteur de cette désinformation historique fut découvert : c'était un officier polonais exilé à Paris.

Plus près de nous, l'opération du débarquement allié en Normandie en 1944 n'aurait peut-être pas aussi bien fonctionné si Hitler n'avait pas été persuadé qu'il aurait lieu dans le Pas-de-Calais où il maintint le gros de ses troupes. L'opération de désinformation Fortitude a nécessité des moyens considérables, la mise en place d'unités factices avec une activité radio importante, de vraies casernes, de fausses barges de débarquement et des chars gonflables.

La désinformation se perfectionne au même rythme que la technologie de l'information. Elle occupe donc un espace de plus en plus grand depuis le XXIe siècle.

L'une des opérations les plus significatives est celle du scandale Cambridge Analytica (CA) en 2016, lors de la campagne de Donald Trump. Quelques années auparavant, en 2010, la société britannique avait aspiré les données personnelles de plusieurs dizaines de millions d'utilisateurs de Facebook. Grâce à ces informations, elle pouvait cibler les propriétaires de ces comptes en fonction de leurs préférences politiques. Sur leur fil d'actualité, ils voyaient alors apparaître des informations destinées à influencer leur engagement politique, des images positives de Trump et des contenus négatifs sur Hillary Clinton, le tout ne s'embarrassant guère de la véracité de cette propagande. La même année, au Royaume-Uni, les Anglais votent le Brexit. Cambridge Analytica a fourni des informations au camp du « Leave ». Christopher Wylie, ancien directeur de recherche de la société, a estimé que, sans ces données, le Brexit ne l'aurait pas emporté lors de ce référendum qui s'est joué à moins de 2 % des votes.

En France, le secrétariat général de la Défense et de la Sécurité nationale dispose d'un service dédié à la lutte contre les ingérences étrangères : Viginum. En 2023, il repère l'opération russe[1] Doppelgänger (« double maléfique » en allemand), qui consiste à reproduire les sites officiels d'information européens mais en y développant des contenus faux, mais réellement pro-russes. Près d'une soixantaine d'articles a circulé, reprenant le logo et les codes graphiques du *Monde*, du *Figaro* ou du *Parisien*, mais aussi de certains ministères. Le site du ministère des Armées a ainsi été copié en mars 2024, sous le nom de Sengager-Ukraine.fr auquel renvoyait un spot publicitaire jamais diffusé. Sur la page d'accueil,

1. Rapport publié sur le site sdgsn.gouv.fr.

qui reprend le même bandeau, les mêmes couleurs et les mêmes caractères pour s'inscrire que le vrai site, un appel à aller combattre en Ukraine alors que la France n'y déploie aucun soldat. Il prétend que les immigrés sont prioritaires, alors que la nationalité française est obligatoire pour s'engager, l'âge requis de 18 à 48 ans, alors que la limite est de 30 ans, avec une rémunération largement supérieure à la réalité. Des erreurs grossières mais qui montrent la vision de la France que peuvent avoir les Russes. Le site a été fermé dans la journée mais les fausses informations courent toujours.

Pour les régimes totalitaires, la meilleure défense reste l'attaque

La globalisation de l'information à la fin de la guerre froide a été perçue par les sociétés totalitaires comme une menace pour leur propre population. Le régime russe a perçu l'avènement d'Internet, les révolutions de couleur, les printemps arabes et les réseaux sociaux comme un risque systémique pour la société russe. Cela permet, selon eux, la « prolifération d'idées dangereuses ». En conséquence, les régimes autocratiques se sont dotés de doctrines offensives et d'armes nouvelles de la guerre de l'information (diplomatie publique, armée de trolls, soldats cyber, etc.). Ils se sont protégés avec une défense active ayant pour objectif la décomposition des sociétés démocratiques. Il s'agit pour eux de survivre en provoquant leur effondrement, en les fracturant, en amplifiant la perception des divisions, en fabriquant du doute et de la défiance. Il s'agit de saper le fondement même de tout régime démocratique : énoncer des faits et prendre des décisions en fonction de ces faits. Andropov, patron du KGB pendant la guerre froide, expliquait que la meilleure désinformation est celle qui trouve ses propres relais, ne nécessite pas d'investissement, et dont la rentabilité repose sur des systèmes qui, pour des raisons économiques ou idéologiques, s'en font les zélateurs. Cette pensée est toujours d'actualité. Pour le Kremlin, toute « réalité alternative » est bonne. Qu'il s'agisse des Gilets jaunes ou des mouvements extrémistes, violents ou non, l'essentiel est de créer la division. Il n'y a pas de volonté de proposer un récit structuré ou de convaincre, il s'agit avant tout de fragiliser. La désinformation est pratiquée depuis au moins un siècle en Russie. Après la révolution, les bolcheviks ont essayé d'exercer une influence à l'étranger pour renverser le système adverse. Ces efforts de propagande s'adossaient à un travail continu de sape et de manipulation institutionnalisée.

Dans l'entre-deux-guerres, tout communiste en vue devait se rendre à Moscou où il était formé à la conspiration et à l'action clandestine. Il étudiait la pratique de l'entrisme dans les autres partis politiques. Le KGB et l'Armée rouge servaient à dominer le pacte de Varsovie et à influencer les pays de l'Otan, ainsi qu'à espionner le système adverse. Dans les manuels du KGB et les témoignages des transfuges figurent un certain nombre de techniques comme l'utilisation d'illégaux, d'agents d'influence qui se livraient à la désinformation, ainsi que les mesures actives. Ces dernières servaient à modifier le cours des éléments dans un pays donné. Ce modèle n'a jamais été remis en cause après l'effondrement de l'URSS. Hier comme aujourd'hui, l'objectif est le même : ébranler la cohésion nationale, l'UE et l'Otan, aviver les tensions sociales et amplifier les fractures, affaiblir la démocratie libérale, faire naître et alimenter un sentiment de défiance à l'égard des autorités, manipuler des groupes considérés comme faibles. Il y a en effet une grande continuité : pratique de l'inversion accusatoire, proposition d'un narratif anticolonialiste comme en Afrique pour créer le sentiment antifrançais. La différence tient à l'efficacité de la désinformation. Les vecteurs sont aujourd'hui plus performants. La propagation est d'autant plus rapide que les utilisateurs des réseaux sociaux peuvent être des acteurs de cette désinformation. Les algorithmes permettent de créer des bulles, des filtres et des chambres d'écho qui font que chacun n'est plus exposé qu'à ses propres idées.

Les autorités russes investissent des sommes colossales dans leurs instruments de propagande et de désinformation. Les Kremlin Leaks ont révélé que le régime dépensait un milliard cent millions d'euros pour la guerre de l'information dans le monde, et pour le contrôle de l'information et des activités de propagande en Russie et dans les territoires occupés en Ukraine.

Internet a permis d'accéder à une information brute, sans filtre, censée être plus fiable que celle qui passe au tamis des médias *mainstream*. Dans cette logique, l'opinion du premier venu est aussi crédible que celle de l'expert ou du journaliste expérimenté, voire davantage. L'essayiste Giuliano da Empoli a parfaitement analysé le phénomène en Italie[1], à partir notamment de l'émergence de Beppe Grillo. Cet acteur comique, propulsé sur la scène politique grâce à son blog, a créé un mouvement politique en 2009, le Mouvement 5 étoiles, devenu le deuxième parti d'Italie en 2014. Ce que démontre l'auteur italien,

1. Giuliano da Empoli, *Les Ingénieurs du chaos*, Paris, JC Lattès, 2019.

c'est que derrière l'acteur Grillo se trouve un stratège du numérique, Gianroberto Casaleggio, qui exploite les ressorts émotionnels des réseaux sociaux. Un marché de dupes dans lequel les militants croient utiliser Internet comme l'instrument d'une révolution démocratique destinée à arracher le pouvoir aux élites, alors que, pour Casaleggio, Internet est l'instrument du contrôle qu'il exerce sur le produit Grillo.

La peur, le dégoût, la surprise sont les ressorts de l'information numérique et de la désinformation. Les Russes ont misé sur ces réactions quand ils ont tenté d'influencer le mouvement des Gilets jaunes en diffusant des vidéos dénonçant des supposées exactions commises par les forces de l'ordre ou même en annonçant la mort de manifestants. Les témoignages étaient criants de vérité. Les devantures de magasins en cyrillique beaucoup moins. Ce faisant, le Kremlin cherche à fragiliser un pays qu'il considère comme hostile, mais il s'efforce également de rassurer sa propre population et d'entretenir sa méfiance vis-à-vis de l'Occident. En 2024, deux semaines avant sa réélection, le discours de Vladimir Poutine choque les pays européens, mais il encourage aussi sa population à se placer sous sa protection. Le président russe ne craint pas de travestir la réalité : « Regardez ce qu'ils font avec leur propre peuple, la destruction des familles, des identités culturelles et nationales. La perversion et la maltraitance des enfants, jusqu'à la pédophilie, sont déclarées comme étant la norme, c'est la norme de leur vie. » Récemment, des vidéos reprenant le logo et l'habillage des chaînes d'information françaises prétendaient que les femmes enceintes étaient contraintes d'accoucher avant les Jeux olympiques pour que les lits d'hôpitaux soient disponibles pendant la compétition. Moscou est soupçonné de plusieurs actes de déstabilisation en France ces derniers mois, dont le récent dépôt au pied de la tour Eiffel de cercueils portant l'inscription « Soldats français de l'Ukraine ». Les sabotages de voies ferrées, la veille des Jeux olympiques, puis dans les jours qui ont suivis, sont imputés à l'ultragauche. Ils sont peut-être la marque du lien entre ces mouvements et des services étrangers qui ne souhaitent qu'une chose : provoquer le chaos pour discréditer l'État qui leur tient tête. Le Centre d'analyse des menaces (MTAC), géré par Microsoft, a mis en cause deux groupes d'influence russes, Storm-1679 et Storm-1099, soupçonnés de « semer la peur pour dissuader les spectateurs d'assister aux Jeux olympiques ».

Comme la Chine, la Russie s'efforce de maîtriser son propre réseau numérique pour essayer de contrôler l'information qui circule sur son territoire. L'histoire de l'empire du Milieu est différente de celle de l'ancien empire tsariste. Pékin a toujours tenu d'une main de fer son énorme territoire. L'histoire de la Russie a davantage été marquée par des échanges avec le reste de l'Europe, ne serait-ce que par son rayonnement culturel. Les autorités russes rappellent à l'envi la position de leur pays pendant la Seconde Guerre mondiale pour dénoncer l'ingratitude de leurs anciens alliés, mais aussi leur appartenance à l'histoire européenne. La société russe est peut-être plus perméable. Écrit dans le plus grand secret par Alexandre Soljenitsyne, un auteur surveillé par la toute-puissante URSS après son prix Nobel, *L'Archipel du goulag* a quand même pu être publié à Paris en 1973 et distribué sous le manteau en Russie. Les géants ont parfois des pieds d'argile.

La liberté de désinformer américaine

L'exploitation de la culture Web au profit de l'élection de Donald Trump en 2016 est une démonstration imparable des risques de l'information librement diffusée par Internet. Au départ, il s'agit seulement de la colère des amateurs de jeux vidéo qui veulent préserver leur anonymat car ils sont taxés de trolls, de harceleurs ou de misogynes. Le Gamergate n'a rien de politique. Il aurait pu rester cantonné à un cercle d'initiés si Steve Bannon, l'homme d'affaires et aujourd'hui ancien conseiller de Donald

Trump, n'y avait vu l'opportunité de dénoncer une attaque de l'orthodoxie progressiste, les élites, contre la liberté d'expression des gamers. À la tête de la revue *BreitbartNews*, il lance la bataille contre l'establishment[1] par la voix du magnat de l'immobilier, première personnalité interrogée par son journal. L'anonymat des gamers est revendiqué comme l'essence de la cyberculture et de la liberté d'expression, sous le principe simple que les mots n'ont jamais fait de mal à personne. Forts de ces arguments, les trolls entrent en lice sur les réseaux sociaux.

Trump lui-même est un orfèvre en la matière. Il a lancé la polémique sur le certificat de naissance d'Obama, prétendant qu'il n'était pas né aux États-Unis, sachant que c'était faux, mais instillant volontairement le doute sur la légitimité du candidat démocrate. Il a parfaitement assimilé le principe selon lequel plus une information est choquante, plus elle a des chances de circuler sans discréditer son auteur. Trump a ainsi estimé que John McCain, respecté par tout le personnel politique américain, n'était « pas un héros car il avait été capturé ». Mis à l'index et face au tollé, Trump affirme avec le même aplomb que « si quelqu'un est capturé, il le considère comme un héros ». La vidéo prouvant sa volte-face a beau

1. *Ibid.*

circuler largement, Trump surmonte l'incident. Les codes de l'information ont changé, plus l'expression est simple et choquante, plus elle joue sur l'émotion, et plus elle est reprise. Plus le monde que dénonce Trump s'insurge contre lui et l'accuse, plus cette réaction accrédite l'idée que le milliardaire est dans le vrai. Les Américains semblent accepter ce renversement de la charge, comme si l'excès, la capacité à remettre en cause tous les dogmes, était un gage de liberté, notion désormais supérieure, dans ce cas, à celle de la véracité.

Les armes de lutte contre la désinformation

La menace s'intensifie avec les progrès rapides de l'IA. La qualité des premières vidéos faisant tenir par des personnalités connues des propos à l'inverse de leur pensée était remarquable mais leur falsification était repérable. Les photos trahissaient le montage. Ces imperfections disparaissent de plus en plus. Aujourd'hui, 70 % des Français estiment s'être déjà fait tromper par une fake news. Depuis août 2023, la désinformation produite par l'IA a été multipliée par vingt. La sphère informationnelle est de plus en plus polluée par des récits allant dans tous les sens, sans aucune cohérence. Ces informations sont produites dans le monde entier. Elles sont à la portée de n'importe quel utilisateur d'un ordinateur un peu patient.

Face à cette menace globale, la riposte ne peut être que globale. Il est nécessaire d'avoir des stratégies nationales à ce sujet. Dans le chaos actuel, compte tenu de l'anxiété des auditeurs, nous allons être confrontés à une saturation des bruits de désinformation. Il faut se focaliser sur le signal d'origine : la stratégie russe. Le pré-bunking peut être un outil utile. Il consiste à anticiper les manipulations en ligne, en fournissant une couche de protection avant que les individus ne soient confrontés à des contenus malveillants. Il crée des anticorps cognitifs en aidant le public à identifier et réfuter des récits faux et trompeurs. Les tactiques de désinformation reposent sur trois tactiques principales : la manipulation émotionnelle, la décontextualisation, le discrédit ou la diffamation. Cette approche permet de dire que tel type de récit se rapporte à tel type de contenu de désinformation. Il existe également des jeux autour de la désinformation, comme Harmony Square. Ce jeu, développé par des chercheurs en psychologie de l'université de Cambridge, met les joueurs en situation de chef de la désinformation dans une petite ville paisible. Il permet de comprendre les techniques de désinformation comme le recours aux émotions, l'usurpation d'identité (avec ou sans IA), le trolling, la décontextualisation, le bouc émissaire, l'alarmisme, la polarisation ou le discrédit pour mieux repérer ces procédés dans la vie quotidienne.

Il est illusoire d'imaginer éradiquer les fake news. Il nous faudra vivre avec la désinformation de masse et donc apprendre à être résilients. Lutter contre l'ère de la post-vérité, éduquer sur ce qu'est la désinformation, faire vivre une vérité factuelle dans un océan de contrevérités. Aujourd'hui, la France n'est pas encore entrée dans l'ère de la post-vérité, il existe encore un univers factuel commun.

Toutes les classes d'âge sont concernées. Les avertissements sont souvent destinés aux plus jeunes, qui en réalité s'adaptent à ces nouveaux langages, avec lesquels ils ont grandi, sans doute plus vite que leurs aînés. La jeunesse n'est pas l'acteur principal de la désinformation. Les plus de soixante-cinq ans sont ceux qui diffusent le plus de désinformation. Pendant les élections américaines de 2016, cette classe d'âge a diffusé sept fois plus d'informations fausses que les autres. Le critère le plus pertinent n'est donc pas l'orientation politique mais l'âge. L'une des explications est bien la formation des internautes : 44 % des plus de soixante-dix ans se sont formés seuls à Internet contre 10 % pour le reste de la population. L'efficacité de la sensibilisation depuis le plus jeune âge devrait nous rendre optimistes. L'éducation reste l'atout premier de lutte contre la désinformation. Le fait que, en France[1], tout lycéen doit, pour le baccalauréat, préparer une épreuve de philosophie est certainement un outil majeur développant son esprit critique et donc son discernement.

1. La France est probablement le seul pays au monde à s'être ainsi doté d'un programme de philosophie.

Épilogue

Il y a cinquante ans, j'entrais à Saint-Cyr. Pendant les quinze années qui suivirent, l'honneur me fut donné de former de jeunes Français à porter les armes au service de la France. De Sedan à Saumur et Arras, en passant par Stetten am Kalten Markt et Baden-Baden nous nous préparions à affronter le pacte de Varsovie. Après sa dissolution, la chute du mur de Berlin et l'effondrement de l'Union soviétique, les opérations nous ont conduits vers l'extérieur (ce que nous appelions les OPEX) : Liban, ex-Yougoslavie, Afrique. C'étaient des conflits périphériques qui n'intéressent que peu nos concitoyens alors que des soldats français y ont laissé leur vie ou leur santé. Heureusement, la guerre ne menaçait plus directement l'Europe. Comme militaires nous avons le sentiment d'avoir rempli notre mission : préserver la France de la guerre. Ma génération a grandi sous sa menace tragique. Mes grands-pères m'ont parlé de l'horreur des tranchées, de la défaite de 1940, de l'Occupation, de la Résistance et de la déportation. Mon père a connu la Libération, les guerres d'Indochine et d'Algérie où il trouva la mort à la tête de sa compagnie. Alors quel bonheur de penser que la guerre ne toucherait plus notre pays ! Lorsqu'en 1997, après que le président Chirac eut mis fin au service militaire et que j'eus la triste mission de dissoudre mon régiment, nous avons traversé une longue période (vingt ans) où il fallut maintenir les capacités d'une armée en constante réduction. C'est ce qu'il est convenu d'appeler « les dividendes de la paix ». Militaires, notre mission permanente est de toujours prévoir le pire : la guerre. *Si vis pacem para bellum*[1]. Il fallut alors faire preuve d'imagination et de persévérance pour que la France ne soit pas désarmée. Pourtant, dès 2001, une nouvelle menace apparaît avec le djihadisme. La mission est alors de contenir cette menace loin de nos frontières, au Moyen-Orient et au Sahel, tout en contribuant à la lutte sur le territoire national avec l'opération Sentinelle, après l'attaque du Bataclan en 2015. Pour ma part, de New York et Paris, dans un rôle plus diplomatique, je contribuais à la gestion des crises en Afrique, aux Moyen- et Proche-Orient ainsi qu'en Haïti. Depuis le 24 février 2022, la guerre est de retour sur notre continent et ma mission est maintenant dans le champ informationnel : une nouvelle guerre…

1. « Si tu veux la paix, prépare la guerre », devise de l'École de guerre.

Au terme de l'analyse de ces quelques clés qui permettent de mieux comprendre le passage d'un monde à l'autre, que faut-il retenir ? « N'ayez pas peur », disait le pape, saint Jean-Paul II, reprenant les paroles du Christ. Ces paroles prononcées à l'occasion de grands changements nous éclairent. Elles sont d'actualité alors que des bouleversements sont en cours.

En effet, la fameuse citation du prince de Salina[1] : « Il faut que tout change pour que rien ne change », valable au XIXe siècle, ne s'applique plus à notre époque, car si les bouleversements en cours ne conduisent pas à la continuation d'un monde ni à sa fin, ils provoquent certainement sa forte transformation. Elle ne se fera pas toute seule. Il ne faut pas être observateur, mais acteur, avec la ferme volonté de construire le monde qui vient.

La situation actuelle est le fruit de plusieurs paradoxes que nous devons apprendre à gérer. Nous sommes en même temps ancrés dans l'histoire qui a fixé la plupart des frontières des États, alors que de nouveaux espaces d'influence se forment, aux limites incertaines. Les frontières restent des limites tangibles et donc sûres qu'il faut défendre ; en revanche les flux de toute nature conduisent à des fragilités

1. Giuseppe Tomasi di Lampedusa, *Le Guépard* [1958], Paris, Points, 2023.

qu'il convient de contrôler. En effet, à la nouvelle géographie des flux immatériels mondiaux s'ajoute celle des ressources disponibles sur la planète. Le sujet trop vaste pour être abordé ici. La transition environnementale impose de nouveaux besoins pour le fonctionnement d'industries adaptées. Les énergies fossiles sont progressivement remplaçables mais d'autres ressources sont en revanche nécessaires comme les terres rares et d'autres minerais comme le coltan ou le lithium. L'eau est également un sujet de préoccupation majeur. Si la fonte des glaces, dans l'Arctique en particulier, provoque une montée des eaux des océans, un certain nombre de territoires vont en manquer dramatiquement. La terre elle-même devient un produit commercial qui va générer de nouveaux flux. Ainsi plus de sept millions d'hectares auraient déjà été loués ou achetés en Afrique subsaharienne entre 2010 et 2020 par de grands investisseurs du Moyen-Orient aux terres pauvres. Ce besoin en ressources peut aussi conduire à des conflits d'un nouveau genre entre les différents acteurs de la planète.

Les États-Unis conservent sans conteste la place de première puissance économique et militaire au monde. Ils sont en passe de maintenir également cette position dans les nouvelles technologies. Toutefois la fracture interne de la société américaine ne doit pas être sous-estimée. Elle pourrait entamer la solidité de son rang dans le monde et indirectement déstabiliser celui-ci.

Les BRICS[1] forment certes un groupe en pleine croissance mais à l'objectif très flou et à l'unité douteuse. Dans ce groupe, la Chine pèse par sa masse territoriale, économique et humaine mais, par la volonté de son président, elle est de plus en plus isolée du reste du monde. L'Inde est désormais la cinquième puissance mondiale, égale démographiquement à la Chine, mais aux options politiques très différentes. Elle est devenue un acteur international, incontournable par la force de son savoir. La Russie quant à elle, n'a plus la capacité économique, industrielle ou militaire du bloc soviétique. En plus d'être tributaire de ses clients, en particulier de la Chine, son système politique tend à la rapprocher de son alliée, la Corée du Nord, se fermant aux influences du reste du monde. En revanche, sa capacité de nuisance sous toutes les formes reste entière.

L'Afrique est au cœur des enjeux, avec sa jeune population toujours en croissance et ses ressources immenses. Elle doit trouver elle-même sa voie. Alors que, soixante ans après les indépendances, l'Afrique francophone ressasse toujours un passé colonial

1. Brésil, Russie, Inde, Chine, Afrique du Sud.

devenu outil de propagande, les régimes autoritaires au Sahel vont rapidement montrer leurs limites, en particulier sous la pression djihadiste. Ni la Russie ni la Chine n'investissent en Afrique pour améliorer les conditions de vie ou le régime politique des pays où ces deux puissances imposent leurs vues. En revanche, l'Europe nourrit ce souci démocratique parce qu'il fonde son existence et parce qu'elle sera la première à souffrir du déséquilibre migratoire engendré par les crises climatiques, alimentaires, économiques et sociales à venir. Certes, l'histoire de l'Afrique et de l'Europe est liée à celle des grands empires coloniaux, mais ce temps est révolu. En revanche, un destin commun les attend.

Dans ce contexte, la vieille Europe offre une situation étrange et originale. La crise qu'elle traverse lui offre l'opportunité de se recentrer sur les valeurs qui ont permis le développement d'une zone de prospérité. Depuis quatre-vingts ans, après des siècles de guerre, la paix y est devenue une évidence. Forte de son histoire mais aussi de son hétérogénéité, l'Union européenne est la première puissance institutionnelle à avoir mis en œuvre une régulation des Gafam sans renoncer à l'un de ses principes essentiels : la liberté. L'agression russe lui a fait comprendre qu'il faudra se battre pour exister dans les confrontations à venir, aussi bien dans les domaines militaires qu'industriels, mais aussi technologiques et intellectuels. Malgré ses lourdeurs, elle est une lumière qui attire et garde au cœur la volonté de protéger ses citoyens tout en permettant leur développement. Elle doit pour cela accélérer sa transformation et se réindustrialiser sans négliger la transition écologique, tout en réglant la question-clé de la diminution de sa population. Pour cela, il faut redonner l'espoir tout en maîtrisant l'immigration.

La France doit continuer à jouer un rôle dans ce changement de monde. Sa place de membre permanent du Conseil de sécurité de l'ONU, de membre fondateur de l'Union européenne et de l'Otan doit être valorisée. Et puis, cela peut paraître annexe, mais la France devrait mieux utiliser l'avantage que lui procure la langue française pour servir de pont entre l'Europe et l'Afrique ainsi qu'avec les pays ayant cette langue en partage. Le XIXe Sommet de la francophonie qui se tient à Villers-Cotterêts en octobre 2024 (une première !) devrait contribuer à cela. Par ailleurs, en France, les turbulences que nous vivons doivent nous permettre de percevoir la chance que nous avons de continuer à pouvoir parler de liberté, d'égalité et de fraternité. Notre peuple gaulois aime critiquer et c'est aussi ce qui fait sa force et sa capacité à se transformer.

La France est porteuse des grands principes hérités de son histoire intellectuelle. Nous ne devons pas y renoncer, au contraire. Ils doivent nous protéger de l'autoritarisme aussi bien que du wokisme. L'Europe doit cultiver son identité propre et affirmer sa particularité dans l'évolution géostratégique actuelle et la France, compte tenu de son histoire, a un rôle singulier à y jouer. Entre la Chine, où l'action est limitée par un gouvernement autoritaire, et les États-Unis, où la pensée est entravée par le wokisme, l'Europe doit s'affirmer comme un pôle lumineux où la réflexion et l'action sont possibles. Ni le défaitisme ni le fatalisme ne doivent nous saisir, mais la volonté de protéger ce qui fait la beauté de notre civilisation pour construire le monde qui vient. Il ne sert à rien de regarder en arrière, en revanche il faut continuer à aller « en avant, calme et droit ».

« L'avenir n'est que du présent à mettre en ordre. […]
Tu n'as pas à le prévoir mais à le permettre[1]. »

Antoine de Saint-Exupéry

---

1. *Citadelle*, son œuvre posthume, qui mérite d'être relue et méditée.

Table des matières

III

Les nouvelles routes de la guerre ?

Composition et mise en pages
par Facompo Lisieux

Cet ouvrage a été achevé d'imprimer en septembre 2024
sur les presses de Normandie Roto Impression s.a.s.
61250 Lonrai (Orne)
N° d'édition : 67772/01 - N° d'impression : 2403954

Imprimé en France